Ulrich Rohmann

Manchmal könnte ich dich ...

Auch starke Kinder kann man erziehen, man muss nur wissen wie!

Für Nora, Ilka

und Jan-Cedric

Dr. Ulrich Rohmann

Ulrich Rohmann

Manchmal könnte ich dich ...

Auch starke Kinder kann man erziehen,
man muss nur wissen wie!

So erziehe ich spielerisch mit Freude

borgmann

Besuchen Sie uns im Internet:
www.verlag-modernes-lernen.de

© 1998 BORGMANN MEDIA **borgmann publishing KG**
Hohe Straße 39 • D-44139 Dortmund

4., durchges. Aufl. 2005
Gesamtherstellung: Löer Druck GmbH, Dortmund
Titelfoto: PP/Bavaria

Bestell-Nr. 8399 ISBN 3-86145-286-3

Inhalt

1. Warum ein Buchtitel wie „Manchmal könnte ich dich ...?“

Mancher mag sich fragen, warum ich einen solchen Buchtitel gewählt habe. Kollegen werden vielleicht die Stirn runzeln und sagen: „Das ist ein Buch der schwarzen Pädagogik“. Hier ist ein Autor bei der Arbeit, der sich wahrscheinlich darüber auslassen wird, wie sinnvoll eine feste Hand bei der Erziehung von Kindern ist, der Kindesbestrafung oder Züchtigung empfiehlt, kurzum, der keine Ahnung von kindgerechter Erziehung hat.
Ich habe diesen Titel nach langer Überlegung und ohne provokative Hintergedanken gewählt.
Ich habe diesen Titel gewählt, weil ich eine bestimmte Gruppe von Eltern ansprechen will, nämlich die Gruppe der **Eltern von sehr starken Kindern**.

> *Viele Eltern von sehr starken Kindern werden mit diesem Buchtitel etwas anfangen können, weil sie diesen Satz oder einen ähnlichen mit Sicherheit schon einmal in ihrem Ärger -* ***natürlich aber nicht ernst gemeint*** *- gedacht oder gesagt haben. Ich selbst schließe mich dabei nicht aus.*

Er ist einfach das reale Leben.

Das heißt aber nicht, dass wir unsere Kinder nicht, oder weniger lieben, dass wir nicht fürsorglich sind oder nicht mit ihnen umgehen können.
Es heißt einfach, dass es unseren Kindern öfter als anderen Kindern gelingt, uns zu Handlungen und Reaktionen zu zwingen, die unserem Familienleben ein Stück von Harmonie und Zufriedenheit einfach absprechen.
Das Problem ist nur, dass wir uns ungern zwingen lassen wollen. Denn – wer lässt sich schon gerne zwingen!

> Eltern wie auch Kinder haben ein Recht darauf, im Rahmen ihrer Fähigkeiten und ihres Entwicklungsstandes Entscheidungen über ihr Leben zu treffen.
> Erziehung ist aber manchmal auch die etwas unglückliche

Aufgabe, ungeliebte Entscheidungen für unsere Kinder zu treffen, um größeren Schaden von ihnen, aber auch von anderen fernzuhalten.

Besonders hilfreich ist es, Eltern und Kinder besser zu verstehen, wenn man selbst Kinder hat.
Aus eigener Erfahrung weiß ich, dass sich mein pädagogisch-therapeutisches Handeln in der Beratung anderer Eltern durch die Erziehung meiner eigenen Kinder in seiner Struktur erheblich verändert hat.

Früher, als ich noch keine Kinder hatte, waren mir bei Familiengesprächen viele Dinge unverständlich, z.B. „Wie kann man auf ein Kind wütend sein?"
„Fehler machen gehört doch zur Entwicklung!"
„Diese Eltern sind verantwortungslos!".

Dies führte dazu, dass mir die Kinder leid taten:
So war ich als Berater den Eltern gegenüber leider, so muss ich zugeben, voreingenommen und somit nicht objektiv eingestellt.

In anderen Situationen konnte ich nicht verstehen:
„Warum lassen diese Eltern ihren Kindern alles durchgehen, sich von Ihnen verletzen und verteidigen diese Grundhaltung auch noch vehement?".

Auch hier war meine subjektive Einstellung nicht sonderlich hilfreich für eine angemessene Beratung dieser Familie.
Ich empfahl therapeutische Schritte und Vorgehensweisen, die weder dem Kind noch den Eltern gerecht wurden. Denn ich wusste eines nicht:

Ich wusste nichts über Elternliebe, aber auch nichts über Elternstress!

Deshalb habe ich das vorliegende Buch sowohl als **Vater dreier Kinder** als auch als Konsequenz meiner langjährigen Tätigkeit in einer Kinder- und Jugendpsychiatrischen Ambulanz geschrieben.
So gehört es seit Jahren zu meiner ständigen Beschäftigung,

sowohl während der Arbeitszeit als auch nach Feierabend, mich mit den hochgradig kreativen Leistungen von trotzigen Kindern und Jugendlichen in der Pubertät sowie auch sogenannten „geistig behinderten“ (anders fähigen) Kindern und Jugendlichen auseinanderzusetzen.
Also musste ich zwangsläufig, sozusagen aus der Not heraus, Methoden erdenken und entwickeln, denjenigen unserer Mitmenschen, die uns am liebsten sind, ab und zu Einhalt zu gebieten.
Dies gestaltete sich insofern besonders schwierig, als nicht selten starke Kinder mit herkömmlichen Erziehungsmitteln nicht beeinflussbar sind.

Ich hoffe es ist mir gelungen, hier **kein wissenschaftliches Buch** geschrieben zu haben. Wissenschaftliche Bücher zu diesem Thema gibt es zur Genüge.
Noch gestern, als ich einem Elternpaar, das wegen seiner sehr starken Kinder und seiner eigenen Hilflosigkeit zu einer Beratung kam und sehr viele Bücher zur Erziehung gelesen hatte, meine neuen Wege einer spielerischen Erziehung erläuterte, erlebte ich, wie der Vater sagte:

> *„Das widerspricht doch allem, was ich bisher gelesen und gelernt habe.“*

Er selbst hatte schon einige der später beschriebenen „Spielregeln“ – sozusagen aus dem Bauch heraus – angewandt und freute sich, endlich einmal jemanden gefunden zu haben, der ihn darin unterstützt.
Dies war meine erste Bestellung zu diesem Buch.

Das heißt nicht, dass ich nicht wissenschaftlich ausgebildet bin und denke, und dass die beschriebenen Methoden keinen wissenschaftlichen Hintergrund haben.
Ich habe einige wissenschaftliche Bücher geschrieben, habe mir hier aber die Aufgabe gestellt, **ein Buch von Eltern für Eltern** zu schreiben, und das sollte lesbar und verständlich sein.
Ich muss dabei einfach erwähnen, dass ich beim Schreiben dieses Buches selbst sehr viel Spaß gehabt habe. Ich wünsche Ihnen beim Lesen das Gleiche.

An einigen Stellen ist es leider nicht zu vermeiden, wichtige Zusammenhänge etwas komplizierter zu beschreiben.
Das Bemühen, diese Zusammenhänge mit praktischen Beispielen zu belegen, soll aber Ziel sein, damit es auch dem nichtwissenschaftlichen Leser möglich ist, mich in meinem Anliegen und meinen Methoden zu verstehen.
Dies kann und soll kein Buch sein über die Ursachen von Verhaltensauffälligkeiten. Es gibt viele Möglichkeiten, mit diesen Verhaltensweisen umzugehen, man kann sehr langwierig und sehr genau analysieren, woher möglicherweise dieses Verhalten kommt, welche Fehler die Eltern machen und welche Fehler die Eltern der Eltern gemacht haben. Zu diesem Thema sollten Sie andere Bücher lesen. Ich könnte zu jedem Kapitel der Stressfaktoren ein Buch schreiben. Für Lösungen brauche ich keine Ursachen. Vielmehr verändern die Lösungen oft die Ursachen.

Mich und vor allem die Eltern, die mich aufsuchen, interessieren aber mehr die Fragen: „Was mache ich heute?“, „Wie soll ich anders mit meinem Kind umgehen?“.
Trotzdem kann es im Einzelfall absolut notwendig sein, einen Fachmann (Kinderpsychologe oder Kinderpsychiater) aufzusuchen.

Ich wünsche mir, dass Sie meine Freude an diesem Buch teilen und viele Anregungen entnehmen, sie in die Tat umsetzen und Ihr Familienleben wieder genussvoll, harmonisch und lebendig gestalten können.
Über Rückmeldung Ihrer Erfahrungen, die Sie mit diesem Buch gemacht haben, würde ich mich freuen.

Krefeld, im Juli 1998

Ihr

Dr. Ulrich Rohmann

2. Eine kleine schöne Geschichte über den Erziehungsversuch eines starken Kindes

Ich möchte dieses Buch mit einer kleinen Geschichte beginnen, die vor etwa einem Jahr als Fotokopie in unserer Klinik herumgereicht wurde. Diese Geschichte stammt aus „Der Rand der Ostermundigen", Geschichten von Franz Hohler, Luchterhand Verlag (1984).

Diese Geschichte ist ein Paradebeispiel dafür, was so alles in der Erziehung schiefgehen kann.

„Mir ist der Fall eines Kindes bekannt, das, nachdem es knapp ein Jahr alt geworden, nichts mehr essen wollte. Wenn man ihm seine Nahrung, die meist aus einem Brei bestand, eingeben wollte, verwarf es die Hände vor dem Gesicht, schüttelte den Kopf und wand sich, so dass es unmöglich war, ihm auch nur einen Löffel davon in den Mund zu bringen.
War man doch einmal so weit vorgedrungen, spuckte es sofort alles wieder aus und begann zu schreien. Das einzige was es zu sich nahm, war etwas Wasser, aber schon wenn man ihm statt dessen Milch hinhielt, wollte es nichts mehr davon wissen.

Die Eltern waren beunruhigt und konnten sich diese plötzliche Änderung nicht erklären. Sie versuchten, das Kind zuerst mit Zureden, dann mit Drohungen und Schlägen zur Annahme des Breis zu bewegen, aber es war vergebens; Sie legten ihm eine Banane hin, die es sonst unter allen Umständen gegessen hätte, doch das Kind nahm sie nicht.
Erst ein Zufall führte zu einer Lösung.
Das Zimmer des Kindes war mit einem Gatter, das man in den Türrahmen einklemmte, abgesperrt, so dass das Kind bei offener Tür im Zimmer gelassen werden konnte und man hörte, was drinnen vorging, ohne das es die Möglichkeit hatte, hinaus zu rennen.
Am dritten Tag der Nahrungsverweigerung wollte der Vater der Mutter, die sich schon im Zimmer befand, um das Kind ins Bett zu bringen, den Brei hinein reichen, da kam das Kind an das Gatter gelaufen und schaute begierig zum Teller hinauf. Sogleich

beugte sich der Vater hinunter und begann ihm über das Gatter hinweg den Brei zu löffeln, und das Kind, das sich mit den Händen an den Stäben hielt, mit dem Kopf gerade über den Gatterrand hinaus reichte, schien sehr zufrieden und aß den ganzen Brei auf.

Am nächsten Morgen fütterte der Vater, bevor er zur Arbeit ging, das Kind auf dieselbe Weise und es zeigte nicht die geringsten Widerstände. Als aber die Mutter am Mittag dem Kind den Brei über das Gatter geben wollte, lief es weg und schlug den Deckel seiner Spieluhr solange auf und zu, bis sich die Mutter aus dem Türrahmen entfernte.

Vom Vater nahm es am Abend wieder ohne Umstände den Brei über das Gatter.

Nun aß das Kind zwar wieder, aber die Tatsache, das es nur von seinem Vater gespeist werden wollte, machte den Eltern zu schaffen.

Abgesehen davon, dass es so nur zwei Mahlzeiten am Tag bekam, war es für den Vater nicht einfach, jeden Abend pünktlich dazusein, um dem Kind sein Essen zu verabreichen, er musste sich aus beruflichen Gründen öfters von seinem Wohnort wegbegeben.

Einmal erschien er leicht verspätet und hörte das Kind schon schreien, warf den Mantel rasch über einen Stuhl, ging zum Kinderzimmer und gab dem Kind sein Essen. Erst nachher merkte er, dass er vergessen hatte, seinen Hut vorher abzunehmen.

Als er am anderen Morgen wieder zum Kind ging, wollte es nicht essen, zeigte ihm jedoch unablässig auf den Kopf. Da erinnerte sich der Vater an den vorherigen Abend, holte seinen Hut, setzte ihn auf, und befriedigt ließ sich das Kind nun seinen Brei geben.

Von nun an musste der Vater immer einen Hut aufhaben, wenn er wollte, dass das Kind aß.

Bisher war die Mutter stets zugegen gewesen, wenn das Kind sein Essen erhielt, nun blieb sie einmal am Morgen, als sie schlecht geschlafen hatte, im Bett, da sich der Vater anerboten hatte, das Kind allein zu versorgen. Das Kind weigerte sich aber, den Brei ohne die Gegenwart der Mutter zu essen, und so blieb dem Vater nichts anderes übrig, als die Mutter herzuholen, welche sich im Nachthemd auf ein Kinderstühlchen setzte.

Am selben Abend wehrte sich das Kind schreiend gegen die Zumutung, seinen Bei zu essen, dabei war alles in Ordnung.

Der Vater stand außerhalb des Gatters, hatte seinen Hut auf, und die Mutter war auch dabei. Allerdings trug sie jetzt ihr Tageskleid und da das Kind immer wieder auf die Mutter zeigte, zog sie schließlich ihr Nachthemd an und kam wieder ins Zimmer. Das Kind war aber erst zufrieden, als sie sich wieder auf das Kinderstühlchen setzte und von dort aus zuschaute, wie das Kind aß.
Von jetzt an musste sich die Mutter immer zur Essenszeit des Kindes das Nachthemd anziehen, sonst war an eine Nahrungsaufnahme gar nicht zu denken.
Bald ließ sich das Kind nicht mehr von zufällig eingetretenen Ereignissen leiten, die es wiederholt haben wollte, sondern begann sich selbst neue Forderungen auszudenken.
So deutete es als nächstes auf den Schrank, der im Zimmer stand, und schaute dazu seine Mutter an. Die Mutter ging auf den Schrank zu und wollte ihn öffnen, doch da heulte das Kind auf und zeigte auf die Decke des Schrankes.
Die Mutter sagte „Nein", das mache sie nicht, da legte sich das Kind auf den Boden und strampelte mit Händen und Füßen in der Luft, indem es gellende Schreie von besonderer Intensität und Widerlichkeit ausstieß. Trotzdem beschlossen die Eltern, auf diesen Wunsch des Kindes nicht einzugehen, und so musste es ohne Essen ins Bett. Bis zum Morgen, so hofften sie, hätte es den Gedanken bestimmt wieder vergessen.
Als die Mutter am anderen Morgen im Nachthemd auf dem Kinderstühlchen saß und der Vater mit Hut vor dem Gatter stand, und dem Kind das Essen eingeben wollte, lehnte es wieder ab und zeigte auf die Decke des Schrankes. Die Eltern erfüllten ihm den Wunsch nicht, aber das Kind aß nichts.
Nach zwei Tagen, als es bereits Schwächeerscheinungen zeigte, weil es außer Wasser nichts zu sich genommen hatte, gaben die Eltern nach und die Mutter kletterte auf den Schrank und legte sich flach hin, worauf das Kind sofort und mit großer Begeisterung seinen Brei aß, sich aber immer wieder mit Blicken versicherte, ob die Mutter ihm auch wirklich beim Essen zuschaute.
Die Eltern waren nach dieser Niederlage sehr geschlagen und schauten geängstigt dem entgegen, was noch kommen würde.
Man kann sich fragen, ob ihr Verhalten richtig war, aber sie sahen keinen anderen Weg, um das Kind nicht verhungern zu lassen.

Die Kinderärztin, die immer für die Kinder und gegen die Eltern entschied, empfahl dringend, den Wünschen des Kindes nachzugeben, da es wichtiger sei, dass das Kind esse, als dass die Eltern möglichst sorglos lebten, und ein Kinderpsychologe, mit dem der Vater bekannt war, konnte auch nicht helfen, sprach von einer etwas verfrühten Trotzphase und machte vage Hoffnungen, dass sie vorübergehend sei.
Dafür gab es aber noch keine Anzeichen, denn als das Kind das nächste Mal essen sollte, rannte es zum Fenster und war nicht mehr davon wegzubringen.
Der Vater wies das Kind auf die Mutter hin, die ordnungsgemäß im Nachthemd auf dem Schrank lag, deutete auf seinen Hut und wollte ihm das Essen über das Gatter geben, aber das Kind schüttelte sich am ganzen Körper und griff mit beiden Händen nach dem Fenstersims.
Der Vater wollte es zwar nicht wahrhaben, aber er wusste was das bedeutete. Das Zimmer lag im ersten Stock, er holte also eine Leiter aus dem Keller, stellte sie außen an das Haus, stiegt darauf zum Kinderzimmerfenster hoch und reichte dem Kind den Brei durch das offene Fenster. Das Kind strahlte und aß alles auf.
Am folgenden Tag regnete es, und der Vater erstieg die Leiter zum Kinderzimmer mit einem Regenschirm. Von nun an musste er immer mit dem Regenschirm ans Fenster kommen, sonst wurde der Brei nicht gegessen.
Inzwischen hatten die Eltern, um sich etwas zu entlasten, ein Dienstmädchen genommen. Das Kind lehnte dieses jedoch gänzlich ab und wollte sich nur von seiner Mutter betreuen lassen. Auch die Hoffnung, das Dienstmädchen könne sich im Nachthemd der Mutter auf den Schrank legen, erwies sich als falsch.
Das Kind verfiel fast in Tobsucht, ob des plumpen Täuschungsversuches.
Als aber das Dienstmädchen das Zimmer verlassen wollte, war es auch wieder nicht recht. Es musste am Gatter stehen bleiben und ebenfalls zusehen, wie das Kind aß, und auch das reichte noch nicht. Es aß erst, wenn das Dienstmädchen bei jedem Löffel den es schluckte, einmal eine Rasselbüchse schüttelte.
Das, hätte man annehmen können, war nun fast das äußerste, aber jetzt fing das Kind an, den Vater wegzustoßen, wenn er sich über den Sims lehnte und auch den Teller mit dem Brei hinunter-

zuwerfen, den der Vater jeweils auf das Fensterbrett stellte.
Dem Vater fiel nichts anderes mehr ein, als sich eine sehr hohe Bockleiter zu kaufen. Die stellte er in einiger Entfernung von der Hausmauer auf, stieg dann hoch und verabreichte dem Kind den Brei mit einem Löffel, den er an einem Bambusrohr befestigt hatte. Um mit diesem Löffel in den Brei einzutauchen, musste er den linken Arm mit dem Teller ganz ausstrecken, konnte also den Brei nicht auf der Leiter abstellen.
Da er aber nicht ohne Schirm auftreten durfte und ihn nicht wie bisher in der Hand halten konnte, hatte er sich ein Drahtgestell angefertigt, das er auf die Schultern heben konnte und in welches der Schirm eingesteckt wurde, so dass er ihn etwa in derselben Höhe über sich trug, wie wenn er ihn in der Hand gehabt hätte."

> *Ein Nachbar, der zu diesem Zeitpunkt seinen Feldstecher auf das Haus gerichtet hat, sieht also folgendes:*
> *Der Vater reicht dem Kind den Brei in einem an einer Bambusstange befestigten Löffel von einer Bockleiter außerhalb des ersten Stockes durch's Fenster. Dazu trägt er einen Hut und einen Regenschirm, den er an einem Drahtgestell über den Schultern festgemacht hat. Die Mutter liegt im Nachthemd auf dem Schrank und das Dienstmädchen steht vor dem Gatter, das im Türrahmen eingeklemmt ist. Beide schauen zu, wie das Kind isst und das Dienstmädchen schüttelt zusätzlich bei jedem Löffel, den das Kind schluckt, eine Rasselbüchse.*

Auf diesen Text werde ich immer wieder zurückkommen, wenn es darum geht, erzieherische Wege zu beschreiben, wie man mit bestimmten Verhaltensweisen umzugehen hat. Diese Textstellen sind durch einen gelben Punkt gekennzeichnet (●).

In den ersten Kapiteln werde ich nun über Faktoren schreiben, die für das Verständnis der Praxiskapitel notwendig, und die für das wirkliche Leben mit starken Kindern wichtig sind. Wir leben ja nicht in einem luftleeren Raum, sondern müssen uns mit vielen Menschen auseinandersetzen. Es ist daher wichtig, auch Zusammenhänge zu erkennen, die für unser Verhalten und das Verhalten unserer Kinder eine Bedeutung haben.
Lassen Sie mich aber zuerst mit einem Vorurteil aufräumen, das nicht unerheblich die Schwierigkeiten beeinflusst, die wir mit unseren starken Kindern haben:

2.1 Ist eigentlich jemand Schuld daran, dass ich ein starkes Kind habe?

In der einschlägigen Literatur finden wir häufig entweder die pathologisierende Grundhaltung, was bedeutet, entweder die Kinder sind psychisch (seelisch) krank oder die Eltern oder alle zusammen, das heißt, die Familie ist krank.

Auf der anderen Seite werden oft die Thesen vertreten, Kinder haben noch eine so zarte Seele, dass sie sich frei entfalten müssen und jede Form von Beschränkung oder Bestrafung würde des Kindes Seele schaden.
Diese Einstellungen sind oft Lehrern, Pfarrern, Anthroposophen und Psychologen zu eigen (ich bin selbst Psychologe).

Meine Erfahrung zeigt, dass diese festgefahrenen Einstellungen wenig hilfreich sind.
Vielmehr denke ich, dass weder die Kinder noch die Eltern krank sind.
Es kann allerdings über Jahre eine Vielzahl von zusätzlichen Bedingungen geben, die ein Familiensystem krank werden lassen können. Doch dies muss nicht sein.

Thema sind hier starke Kinder, dominierende Kinder, denen es gelingt, ihre Eltern oder auch andere Erwachsene in Schule, Kindergarten, weitere Familienmitglieder oder Bekannte **zur Weißglut zu bringen**.

Ob Kinder eine **zarte Seele** haben, kann ich nicht beurteilen, weil ich nicht in sie hineinsehen kann, obwohl einige Kollegen glauben, sie könnten es.

Ich glaube, dass sich Kinder nicht von erwachsenen Menschen in einem derartigen Maße unterscheiden:

> Es gibt eher zurückhaltende Kinder, die es vorsichtig angehen lassen, Kontakte zu schließen. Kinder, die nicht mit jedem reden, es sei denn, sie haben sich entschlossen, diesem Menschen, aus welchen Gründen auch immer zu vertrauen.

Es gibt Kinder, die außer Haus so sind, wie gerade beschrieben, aber innerhalb der Familie die „Sau“ rauslassen, aggressiv und unausstehlich sind.

Es gibt andere Kinder, die es schick finden, ihre Eltern zu beißen, zu treten oder zu bespucken, die gerade dann einen Wutanfall bekommen, wenn genügend Publikum vorhanden ist.
Meist auf der Einkaufsstraße oder im Supermarkt.

Es gibt Kinder, die alles haben wollen und dies auch sehr erfolgreich und nachhaltig durchsetzen können.

Hier muss doch die Frage zu stellen erlaubt sein, ob diese Verhaltensweisen Folge einer zarten Seele sind?
Ich kann das nicht beurteilen, aber meine Logik wehrt sich erheblich dagegen.
Diese Kinder sind stark, ohne Zweifel, aber infolge einer zarten Seele?

Wie sagt der Rheinländer so schön: „Ich weiß es nicht!“.

Und wenn wir schon über zarte Seelen sprechen, **was ist dann eigentlich mit den zarten Seelen der Eltern?**
Werden diese nicht Tag für Tag herausgefordert und zerbrechen vielleicht, weil diese armen Eltern jeden Tag mehr an ihrer erzieherischen Kompetenz zweifeln und sich fragen:
„Was mache ich falsch? Bin ich eine gute Mutter oder bin ich ein guter Vater? Ich bemühe mich doch, alles zu verstehen!“.

Die Frage, ob jemand Schuld an dem ungewöhnlichen Verhalten meines Kindes hat, ist wenig hilfreich.

Alle Eltern tun sicherlich ihr Bestes. Sie tun das, was sie selbst als Kinder gelernt haben, vermeiden das, was ihrer Meinung nach falsch ist. Sie bemühen sich redlich, nicht die Fehler zu machen, die ihre Eltern gemacht haben, obwohl es vielleicht gar

keine Fehler waren.
Sie merken, ich schreibe hier von **„falsch“** und **„richtig“**. Diese Begriffe sind in der Kindererziehung fehl am Platze. Eltern tun das, was sie können, und wären glücklich darüber, vielleicht mal etwas darüber zu erfahren, „was man **anders machen** könnte“.

Das ist doch der wesentliche Punkt:

> ***Wir haben als Eltern nichts falsch gemacht,*** *haben das getan was wir konnten und das was wir wussten. Und ab heute werden wir versuchen, es mal anders zu machen.*
> *Vergessen Sie Ihre Unsicherheiten, vergessen Sie Ihre Schuldgefühle! Sie behindern nur Ihre Handlungsfähigkeit und Kreativität.*

> *Auch die* ***Kinder sind nicht Schuld****! Sie sind starke Kinder, auf die wir stolz sein können. Sie bedürfen nur einer ihrer Fähigkeit entsprechenden Erziehung. Und das darf kein Kampf sein. Es muss Spiel sein!*

Ich werde mich in den folgenden Kapiteln bemühen, alles das, was Sie und auch mich beschäftigt, „unverblümt“, manchmal mit einem Augenzwinkern zu beschreiben. Ich garantiere Ihnen, Sie werden vieles wiedererkennen.
Beginnen wir mit den sogenannten Stressfaktoren, Bedingungen, die die Erziehung nicht unbedingt leichter machen.

3. Stressfaktoren, die die Erziehung nicht unerheblich beeinträchtigen

Eine erfolgreiche Erziehung von starken Kindern kann durch bestimmte Faktoren beeinträchtigt werden. Auf diese Faktoren können wir leider nur eingeschränkt Einfluss nehmen, weil wir in einem System leben, das wir nur bedingt verändern können.

Haben wir es mit solchen Bedingungen zu tun, so bedarf es kreativer Lösungsmöglichkeiten.

Unter diesen Bedingungen haben es Eltern zwar besonders schwer, aber wir sollten uns von einem Leitsatz führen lassen, der unseren **Optimismus** und somit auch unsere **Fröhlichkeit** fördert:

> *Alles ist möglich, man muss es nur wollen! (Wie bereits der Eier legende Hahn wusste).*

3.1 Enge Wohnung, enge Regeln

Im Grunde liegt das Problem auf der Hand. Kinder brauchen Raum zum Spielen, um sich zu entfalten. Kinder sind immer in Bewegung und neugierig auf das Leben.
So haben z.B. alle Eltern, die über keinen Garten verfügen, die Phantasie, dass alles anders wäre, wenn sie denn einen Garten hätten.
Da ist auch was dran.
Eltern, die über einen Garten verfügen, berichten oft, dass sie im Sommer, wenn die Kinder draußen spielen können, entschieden weniger Probleme haben als im Winter, wenn die Kinder im Haus leben müssen und somit auch die Eltern ständig gefordert sind, ihre Kinder zu beschäftigen.
Das liegt ja auch in der Natur der Dinge.
Kinder haben den Drang, nach draußen zu gehen. Dort können sie ihrer Kreativität, Phantasie, Neugier und Flexibilität freien Lauf lassen. Sie lernen am Modell, sind ständig in Bewegung, finden immer neue Dinge vor:
einen Vogel, einen Regentropfen oder es können auch die ver-

schiedensten Möglichkeiten sein, ein- und denselben Gegenstand unter unterschiedlichen Bedingungen zu erforschen.
Diesen Luxus können sich die wenigsten Eltern leisten. Sie leben in einer **„immer zu kleinen Wohnung“** mit drei, vier oder mehreren Personen zusammen.

Wenn aber so viele Menschen auf einem so engen Raum zusammenleben müssen, so bedarf es klarer und eindeutiger Regeln des Zusammenlebens.
Auf engem Raum ist Bewegung, Toben, ein Ausweichen oder auch eine Intimsphäre vor allem für die Erwachsenen kaum möglich. So müssen alle in der Wohnung lebenden Personen zusammenarbeiten.

Haben wir nun unter solchen Bedingungen auch noch die Ehre, ein sehr starkes Kind zu betreuen und zu erziehen, sind die Probleme vorprogrammiert.

Wir kennen doch alle die Situation, wenn wir einen wichtigen Arzttermin haben, bei dem Pünktlichkeit notwendig ist, gerade dann werden sich unsere Kinder die Socken besonders langsam anziehen, herumjammern, das Zähneputzen vergessen, bis wir immer nervöser werden und letztendlich schon mal etwas lauter. Dies wiederum wird das Kind dazu bringen, noch langsamer und „noch unglücklicher“ zu wirken.

Schlimmstenfalls werden wir uns dann auch noch für unsere Ungeduld schämen, und das Kind merkt, es hat auch noch recht. Dazu besteht kein Grund. Als Eltern müssen wir in solchen Situationen bestimmen, was zu tun ist.

Eine andere Situation ist, dass sich die Geschwister untereinander streiten. Wir glauben, dass dies weniger der Fall wäre, wenn wir mehr Raum hätten. Das glaube ich nicht. Denn:

Kinder streiten sich untereinander immer wieder. Das ist vollkommen normal.

Sie versuchen ihren „Besitz“ zu verteidigen, fühlen sich dem Geschwisterkind gegenüber sowieso immer benachteiligt und wollen, dass Mama ihnen recht gibt.

Wenig Raum beinhaltet aber durchaus eine Einschränkung der Möglichkeiten, mit solchen Streitigkeiten umzugehen. Eine Trennung der Kinder ist nicht durchführbar, und so wissen wir nicht mehr, was richtig und was falsch ist.
Was wir aber auch immer tun, es wird den faden Beigeschmack haben, vielleicht doch besser anders gehandelt zu haben.

Das Festlegen von Regeln ist eine relativ einfache Sache. Aber die Einhaltung derselben ist ein ständiger Kampf und zwingt uns immer wieder zu Kompromissen, über die wir letztendlich nicht sehr glücklich sind.

Denn je enger der Raum, desto enger muss das Regelwerk sein. Überfordern wir damit unsere Kinder, geben wir ihnen damit nicht zu wenig Zuwendung und Liebe?

Quälende Gedanken, die uns noch mehr verunsichern.
Und wir sehen, dass unsere Kinder das merken.

Hier ist Geduld und Gelassenheit angesagt. Das lässt sich so einfach aussprechen, aber haben Sie mal Kinder!

Vielleicht müssen wir nur einfach akzeptieren, dass wir unter den Bedingungen, unter denen wir leben, Kompromisse eingehen müssen, also bestimmte erzieherische Idealvorstellungen nur bedingt durchsetzen können.

Eltern sind auch nur Menschen. Und Menschen haben das Recht, Fehler zu machen. Setzen Sie sich nicht unter Druck, sondern seien Sie so, wie Sie sind. Glauben Sie an sich.

3.2 Die lieben Eltern der Eltern

Da hat man das Glück, dass die eigenen Eltern am gleichen Wohnort leben, wie man selbst. Da ist die Hoffnung groß, dass man als Eltern und vor allem als Paar mal frei haben kann. Denn gerade als Paar brauchen wir ab und zu die Möglichkeit, etwas für die Beziehung zu tun, die durch Kinder nicht gerade gefördert wird.

Diese „Ruhezonen“ geben uns die Kraft, uns wieder erfolgreich mit unseren Kindern zu beschäftigen.

Oma und Opa könnten doch einmal über ein Wochenende die Kinder zu sich nehmen. Denn, **alle Großeltern lieben ihre Enkelkinder** und freuen sich, wenn sie sie eine Zeit für sich haben können. Das tun sie in der Regel auch gerne, solange die Kinder so „funktionieren“ wie sich die Großeltern das vorstellen.

... solange die Fransen des teuren Perserteppichs wie gekämmt gerade liegen, die Stuhlreihe am Esstisch nicht verrückt ist und die Kinder sich höflich und möglichst flüsternd verständigen, solange ist die Welt in Ordnung!

Starke Kinder werden aber auch in dieser Situation die Grenzen und Grenzüberschreitungsmöglichkeiten sehr schnell austesten. Wir haben es mit unseren Eltern ja vielleicht auch getan.

Das führt dann in der Regel sehr schnell dazu, dass unsere eigenen Eltern die Lust daran verlieren, unsere Kinder zu versorgen. Das wäre ja noch akzeptabel, (es gibt ja auch noch Babysitter), wenn dann nicht auch noch der Vorwurf gemacht würde:

„Das Kind ist ja genauso schlimm, wie du es warst!“

oder

„Fangt endlich mal an, Euer Kind zu erziehen!“

Die erzieherische Unfähigkeit, die leibliche Eltern oft ihren eigenen erziehenden Kindern immer wieder unter die Nase reiben, fördert nicht gerade die Qualität unserer Bemühungen, sondern sie behindern eher einen gelockerten und freien Erziehungsprozess!

Großeltern und Eltern sollten berücksichtigen, dass bei solchen wenig hilfreichen kritischen Äußerungen die Kinder letztendlich leiden, weil ihnen damit z.B. das sehr wichtige Gefühl einer Integration in eine Großfamilie genommen wird.

Denn wollen wir es nicht unseren Eltern beweisen, dass wir es besser können als sie, dass wir mehr Verständnis haben, wir unsere Kinder frei erziehen, weil wir diese Freiheit in unserer Erziehung nicht genossen haben?
(Das ist dann **unsere Retourkutsche** für die Vorwürfe unserer Eltern.)

Wenn wir dann auch noch Geschwister haben, die sich sehr bemühen, ihre eigenen Kinder den Wünschen ihrer Eltern entsprechend zu erziehen, ist ein familiäres Zerwürfnis vorprogrammiert.

Merken Sie, wie kindlich sich in dieser Situation auch die Erwachsenen verhalten?!

Wir sollten uns freimachen von den Vorstellungen unserer Eltern!
Wir sind erwachsene Menschen und keine Kinder mehr, obwohl wir wohl immer ihre Kinder bleiben werden.
Ein zu großes Ernstnehmen der Kritik der Eltern hindert uns in vielen Dingen, vor allem verunsichert es enorm.

Aber Großeltern haben auch noch eine andere Form von Stress zu bieten:

Großeltern gehen oft eigenen erzieherischen Fehlschlägen durch ein **Verwöhnen** der Enkelkinder aus dem Wege.
Das heißt, die erziehenden Eltern glauben sogar, an **zwei Fronten** kämpfen zu müssen:

1. Kritik an der eigenen Erziehungsfähigkeit und
2. Unterwanderung der Erziehungsfähigkeit durch Verwöhnen durch die Großeltern.

Eltern glauben, dass ein Verwöhnen ihrer Kinder ihre eigene erzieherische Kompetenz und ihr Durchsetzungsvermögen blokkiert.
Diese Angst wird geschürt durch die Kinder, denen dann mit einer erstaunlichen Leichtigkeit folgende Sätze über die Lippen kommen:

„Wenn ich das von Euch nicht kriege, gehe ich zu Oma und Opa."

oder:

„Oma und Opa haben mich viel mehr lieb, bei ihnen bekomme ich, was ich will. Am liebsten würde ich bei Oma und Opa leben."

Das ist für Eltern sehr verletzend und sehr verunsichernd.
Sie sind dann in der Regel aber nicht auf ihre Kinder, sondern auf ihre Eltern wütend, weil sie glauben, dass die Großeltern gezielt versuchen, ihre Enkel von ihnen zu entfremden.
Das mag in Einzelfällen sogar auch stimmen, **es ist aber nicht die Regel**.

Kinder lieben ihre Eltern und wenn sie bei solchen Sätzen ihrem Kind bewusst die Koffer packen und sagen würden: „Dann bringe ich dich eben zu Oma!" werden Sie feststellen, dass dies eigentlich nur ein Trick des Kindes ist.

Kinder wollen halt alles, das liegt in ihrer Natur, vor allem wenn es klappt.
Doch das Verletztsein und der Ärger auf die eigenen Eltern ist durchaus nachvollziehbar.

Unsere Kinder wissen nicht, dass die Erziehung und das Aufziehen von Kindern eine enorm teure Sache ist, und wir haben nicht immer die finanziellen Mittel, die die Großeltern zur Verfügung haben. Wir sind deswegen aber keine schlechteren Eltern!

Großeltern halten sich viel Stress mit unseren Kindern vom Hals, indem sie sie verwöhnen. Sie kaufen sich zum Teil die vermeintliche „Liebe" mit der Erfüllung materieller Wünsche.
Kinder sind aber sehr wohl in der Lage zu unterscheiden, dass in verschiedenen Familiensystemen auch verschiedene Regeln gelten, auch wenn sie immer wieder versuchen, die jeweils positiven Aspekte der einen Familie auch bei der anderen Familie einzufordern.

Sie gehen den Weg des geringsten Widerstandes. Und dabei vermitteln sie uns unbewusst oder manchmal auch bewusst das Gefühl, nicht gut genug zu sein.

Hier sind einfach Kompromisse angesagt:

Das heißt, die Erwachsenen müssen sich erwachsen und konsequent verhalten. Großeltern dürfen ihre Enkelkinder verwöhnen, aber nur in dem Maße, dass sie die erzieherische Kompetenz und die Achtung vor den erziehenden Eltern nicht unterlaufen. Großeltern dürfen niemals den Kindern Wünsche erfüllen, die die Eltern aus ganz bewussten Gründen ablehnen. Denn damit würden sie ihre erziehenden Kinder in ihrer Autorität schwächen.

Eltern wiederum sollten dem Verwöhnen durch die Großeltern durchaus etwas Positives abgewinnen können. Was diese kaufen, brauchen sie nicht zu finanzieren. So sind beide Seiten zufrieden.
Die Großeltern müssen aber den Kindern unbedingt klarmachen, dass sie bei einem Abschlagen von Wünschen eindeutig der gleichen Meinung wie die erziehenden Eltern sind.
Es wäre auch hier ein grober Fehler zu argumentieren:

„Mama und Papa wollen das nicht, dass ich das kaufe, sonst würde ich das ja gerne tun."

Hiermit würden sie signalisieren, dass die Kind-Eltern „Rabeneltern" sind.

Wird einem Kind von allen beteiligten Erwachsenen auf eine Weise klargemacht, dass nicht das Kind, sondern immer die Erwachsenen in Absprache die Regeln bestimmen, wird es sich einfacher in den beiden unterschiedlichen Erziehungssystemen zurechtfinden und diese akzeptieren lernen. Das bedeutet auch Sicherheit für das Kind und ist gleichbedeutend mit einem Mehr an Zufriedenheit.

3.3 Die lieben Freunde und Bekannten

Nichts wünschen wir uns sehnlicher, als dass unsere Freunde unsere Kinder hübsch, wohlerzogen und sympathisch, nein, toll finden. Das ist eigentlich vollkommen normal.
Denn wir sind ja selbst stolz auf unsere Kinder, auch wenn sie kleine Schwächen haben. Aber die Tatsache, dass wir Kinder bekommen haben, vor allem starke Kinder, kann dazu führen, dass wir einen Teil unserer sozialen Kontakte verlieren.

Der Kabarettist Dieter Nuhr beschreibt es in seinem letzten Programm (Nuhr weiter so) wie folgt: „... dann bekam ich Besuch von einem Freund, beziehungsweise **Bekannter muss ich jetzt wohl sagen, weil er Vater geworden ist** vor ein paar Jahren.
Er hat jetzt ein Kind, was heißt **Kind, – Terrorist!**
Verstehen Sie mich nicht falsch, ich hab' nichts gegen Kinder ...
Von mir aus Zaun drum 'rum, dreimal am Tag Fütterung, völlig in Ordnung.
Dieses Kind finde ich unglaublich ... Lars, 4 Jahre alt.
Lars, kommt rein bei mir ins Wohnzimmer, taxiert den Wert aller Gegenstände im Raum, läuft dann direkt auf meine Box zu und sticht mit dem Zeigefinger unten in den Tieftöner rein. Ich hab' mich so geärgert, dass ich mir nicht diese Boxen gekauft habe, mit dieser Metallplatte vorne drauf, dann hätte er sich wenigstens den Finger daran gebrochen. Ich weiß, das ist hart, ja, und Jesus hatte gesagt, lasset die Kindlein zu mir kommen, aber der hat auch keine Boxen gehabt, für 600 Euro. Dieses Kind benimmt sich überall so, als wäre es zu Hause, ich mein' die Eltern sind Lehrer, das sagt ja wohl alles."

Wir merken, dass Einladungen, die früher die Regel waren, abnehmen, unsere Freunde immer häufiger verhindert sind. Wenn sie sich auf Kontakte einlassen, haben sie mit Sicherheit – vor allem die, die keine Kinder haben – perfekte Regeln und Ratschläge zur Hand.
Freunde, die Kinder haben, werden selbstverständlich nicht versäumen, uns ständig in den Ohren zu liegen, wie sie es geschafft haben, ihre Kinder so gut erzogen zu haben, wie sie uns glauben machen wollen:
Gut, die 9-jährige Tochter schläft immer noch bei Mutter im

Bett, wegen der zarten kindlichen Seele (s.o.) oder der 12-jährige Peter hat einen Wochenstundenplan, der für Flausen eigentlich keine Zeit mehr lässt:

Montag und Dienstag Musikschule, danach Eurhythmie, danach Meditation mit Mutter, Mittwoch Logopädie und Spieltherapie, danach Reiten mit Vater und am Freitag Fußballverein, danach Tennis mit Mutter und am Wochenende bei Oma und Opa.

Da bleibt dann nicht sehr viel Zeit für das Kind, kindlich zu provozieren.
Unser Hinweis auf diesen Umstand führt in der Regel zu einem Abbruch des Kontaktes.

> *Nun gut, ich stelle das ein wenig überspitzt dar, aber letztendlich bekommen wir von unseren Freunden doch nur dasselbe vermittelt, wie von unseren Eltern, dass wir etwas falsch machen, dass wir inkompetente Eltern sind. Und das macht wütend.*
> *Ja, Eltern eines starken Kindes zu sein, ist verdammt schwer!*

3.4 Gute Mütter bieten ihren Kindern einen Fünfsterne-Service

Ein Stressfaktor besonderer Art ist die Serviceleistung, die die Eltern, insbesondere Mütter ihren Kindern zukommen lassen. Dies ist ein eindeutiger Stressfaktor der selbstgewählten Art.

> *Wo zum Teufel steht geschrieben, dass Eltern verpflichtet sind, Putzfrauen, Köche, Klettergerüste, Spielbälle, Finanziers, kurzum Sklaven ihrer Kinder sein zu müssen?*

Immer wieder stelle ich in meiner Praxis die Frage, wie hoch Eltern die Serviceleistung bei ihren Kindern einschätzen würden?
Ich habe da eine Skala von 1 bis 5 Sternen, einem Hotel entsprechend.
Gerade bei Kindern, die einen sehr stark ausgeprägten Willen haben, sind die Serviceleitungen der Eltern, insbesondere der Mutter, häufig von „5-Sterne-Qualität“.

Diese Eltern wundern sich dann noch darüber, dass ihre Kinder mit sehr viel Einsatz versuchen, dem 5. noch einen 6. Stern hinzuzufügen.

> *Bei einem derartig qualifizierten Versorgungsangebot ist es nicht verwunderlich, dass solche „verwöhnten Hotelkunden" immer wieder über den Service meckern.*

Die Eltern wiederum, die nun wirklich alles für Ihre Kinder tun, weil sie denken, dass man alles für seine Kinder tun muss...

> *... schon allein deswegen, weil Oma und Opa schon soviel zahlen und weil man es ja selber gerne so gut gehabt hätte...*

sind dann verärgert und verletzt, weil ihr Kind niemals zufrieden ist.
Haben sie sich nicht aufgeopfert, gearbeitet, versorgt, jedes Maß an eingeforderter gefühlsmäßiger Zuwendung erfüllt, haben sie ihren Kindern nicht jede Minute gezeigt, dass sie das Wichtigste und Schönste auf der Welt sind?
Warum sind diese Kinder so undankbar, immer noch unzufrieden?

Eigentlich sind sie ja alt genug, auch mal ein wenig im Haushalt mitzuhelfen: Den Tisch decken könnten sie schon, das Zimmer aufräumen, den Müll rausbringen. Es ist doch wirklich nicht viel, was wir von ihnen verlangen!
Warum maulen sie ständig herum?
Weil Kinder in ihrer Neugierde maßlos sind!

> *Dies ist keine Bösartigkeit oder Unverschämtheit, dies liegt einfach in der Natur der Dinge. Kinder wollen lernen, Erfahrungen sammeln oder einfach nur spielen. Wenn die Eltern mitspielen, wären sie ja schön blöd, sich um diesen Genuss zu bringen.*
> *Warum sollte man sich mit einem Eis begnügen, wenn noch zwei weitere bei „entsprechender Bestellung" möglich sind?*
> *Warum sollte ich mein Zimmer aufräumen, wenn ich die Möglichkeit habe, nach einem lange genug eingesetzten „Ja, gleich", vielleicht gepaart mit einem „entnervenden Jammern" vergnügt zuzusehen, wie meine „fleißige Mutter" diese Aufgabe selbst übernimmt?*

Kinder sind halt so!

Ein übertrieben verstandener und praktizierter Versorgungsauftrag ist erzieherisch eher störend als hilfreich.
Natürlich möchten wir glückliche Kinder haben, und wir glauben, je mehr wir tun, desto glücklicher werden unsere Kinder.
Es ist doch komisch, dass sie aber immer unglücklicher, unzufriedener wirken.
Was läuft hier falsch?

Wir verhindern durch einen 5-Sterne-Service die Entwicklung zur Selbständigkeit, zur Eigenverantwortung und das Erlernen von Regeln.

Wir können in diesem Falle den fordernden Kindern keinen Vorwurf machen, denn wir haben es ihnen ja selbst so gezeigt.

Solche Serviceleistungen, nicht selten auch aus der Idee geboren, **„Ich habe es als Kind nicht sehr einfach gehabt, mein Kind soll es besser haben! “** führen dazu:

... dass ich es immer noch so schlecht habe, wie ich es als Kind hatte. Früher waren es meine Eltern, heute sind es die eigenen Kinder. **Beide fordern etwas von mir und ich bin nie gut genug!**

Ich vergesse dabei aber, dass ich allein es bin, der all das ermöglicht hat und auch heute noch ermöglicht.
Ich komme doch den Forderungen aus eigenen Stücken nach!
Vielleicht sollte ich als Mutter oder Vater mal darüber nachdenken, dass auch ich ein Recht auf Privatleben, Rückzugsmöglichkeit und Intimität habe.
Oder vielleicht sollte ich auch darüber nachdenken, dass es mir bisher nicht gelungen ist, mich von meinen Eltern „abzunabeln“ und ich immer noch den „verrückten Anspruch“ habe, perfekt sein zu müssen.

Auch hier muss ich mir doch die Frage stellen, welchen Vorteil hat es eigentlich, dass ich so leide?

Ein „gluckenhafter“ Umgang mit meinen Kindern verhindert möglicherweise eine Auseinandersetzung mit meinem Partner, dem es vielleicht schon lange auf den „Zwirn“ geht, in einem Kinderbett zu schlafen, weil es nicht möglich ist, die Kinder aus dem Ehebett zu vertreiben.

Oder vielleicht halte ich mich selbst für keinen guten Menschen (das haben mir meine Eltern ja immer wieder gepredigt), also muss ich ständig beweisen, dass ich einer bin.

Das sind sicherlich Fragen, die sich jeder von uns sehr ungern stellt. Es sind aber Fragen, die irgendwann gestellt werden müssen.

Denn wir tun unseren Kindern keinen Gefallen damit, ihnen jegliche Verantwortung abzunehmen, und ihnen ein Leben zu ermöglichen, wo man nur mit dem „Finger schnippen“ (schreien, wütend sein, jammern) muss, um das zu bekommen, was man will.

Wir haben in unserem Leben gelernt, dass man sich die Dinge erarbeiten muss.

Geben Sie ihren Kindern auch die Chance!

Ein Umfeld mit „**Pensionsqualität**“ ist durchaus ausreichend. Je eher ein Kind lernt, Verantwortung für sein Handeln zu übernehmen, umso glücklicher, stolzer und damit zufriedener wird es sein.

Ich weiß, dass dies bei starken Kindern schwieriger durchzusetzen ist.

Aber wir werden sehen!

Dieser Abschnitt war mehr der **Abschnitt der Mütter**, die mit bestem Wissen und Gewissen alles für ihre Kinder tun. In diesem Zusammenhang möchte ich allerdings die Väter auch nicht außer Acht lassen:

3.5 Die klugen Väter, die alles wissen und wenig tun

Läuft es gut, so ist es „Mein Sohn," „Meine Tochter", läuft es schlecht so ist es „Dein Sohn" oder „Deine Tochter".
Diese typischen Aussagen von Vätern sind Müttern nur zu gut bekannt.
Obwohl, vergleichen wir es mit früher, gibt es doch immer mehr Väter, die sich tatsächlich auch, natürlich zeitlich eng beschränkt, um die Erziehung ihrer Kinder kümmern.
Väter neigen aufgrund eines immer noch falsch verstandenen Rollenverständnisses zu der Vorstellung, dass sie für das Geld und damit für die Lebensmöglichkeiten und -qualitäten zuständig sind und Mutter sich um den Rest zu kümmern hat.
Wir Männer lassen den Frauen die „kreative Schöpfung und Selbstverwirklichung ihrer wirklichen Bestimmung – in Küche, Haushalt und Erziehung –". (Ja, meine Damen, so sind Männer, dumm, arrogant und immer auf ihr Wohl bedacht.)

Väter haben offensichtlich immer noch die Vorstellung, dass das, was sie leisten, nicht vergleichbar mit dem ist, was die Mutter tut.
Väter haben auch die Vorstellung, dass es vollkommen ausreicht, wenn sie denn aktiv an der Erziehung ihrer Kinder beteiligt sein wollen, mit ihren Kindern nach Feierabend eine halbe Stunde zu spielen, oder an Wochenenden mal schwimmen, radfahren oder zu McDonalds zu gehen.
Ansonsten erwarten sie aber eine vergleichbare Serviceleistung wie ihre Kinder.
Das heißt, sie sind in diesem Punkt sogar Modell für ihre Kinder und wundern sich, wenn Mutter entnervt reagiert.
Da sich Väter sowieso für die Krone der Schöpfung halten, ohne die eine Familie gar nicht existieren würde, haben sie die ausgesprochen unangenehme Art, Dinge immer besser wissen zu müssen.

> *„Nur ein allein erziehender Mann ist ein halbwegs guter Mann!"*

Dieser Satz ist sicherlich übertrieben, soll aber verdeutlichen, dass ein Vater wissen sollte, was Kindererziehung bedeutet:

Eine Mutter, die den täglichen „Überlebenskampf" mit ihren Kindern gerade hinter sich gebracht hat, wird höchst aggressiv reagieren, wenn ihr Mann nach Feierabend, die Kinder liegen im Bett, ihr Vorträge darüber hält, wie sie Erziehung besser gestalten könnte.

Liebe Mütter, kennen Sie nicht auch diese Aussagen:

„Du musst einfach konsequenter sein, du darfst ihnen nicht alles durchgehen lassen, setz dich doch mal durch!"

um dann zu sehen, dass Väter keine Forderungen durchsetzen, sondern ständig „faule" Kompromisse eingehen und sich auf Müdigkeit und Stress berufen.

Dieses

„Bei mir sind die Kinder nicht so chaotisch!"

geht auf die Nerven. Der Vater sucht sich in der Regel die Rosinen aus dem Kuchen, er tut etwas mit den Kindern, was ihnen Spaß macht, und das auch noch selten.

Und alles was selten ist, ist etwas besonderes bei den Kindern.

Ja, Vater sein ist eigentlich recht leicht, wenn die Mütter nicht ständig nerven würden!
Grundsätzlich ärgere ich mich darüber, wenn ich in einer familientherapeutischen Sitzung feststelle, dass Väter oft nicht die geringste Vorstellung davon haben, was Mütter bei der Erziehung der gemeinsamen Kinder leisten. Mal ganz abgesehen von Haushalt, Familienorganisation, Schule, Arztbesuch und anderen Dingen.
Dies gilt besonders bei starken Kindern und bei Familien mit mehreren Kindern.

So ist es denn eine „Behandlungsmethode" für mich, den Vätern ein Wochenende, besser noch eine ganze Woche alleine mit den

Kindern zu „verordnen".
Oft reicht schon ein Wochenende aus, um den Vätern klarzumachen, welch schwierige Aufgabe die Ehefrau und Mutter Tag für Tag zu leisten hat.
Sollten die Väter nach einem solchen Wochenende immer noch nicht überzeugt sein, so ist es dann wichtig, mal eine ganze Woche mit den Kindern zu verbringen, aber gerade dann, wenn die Kinder in den Kindergarten, in die Schule oder zum Arzt gebracht werden müssen.
Ganz einfach dann, wenn Terminpläne eingehalten werden müssen!
Verständnisvolle Väter lassen sich in der Regel – mit Abstrichen und einem leichten Lächeln auf den Lippen – auf dieses Experiment ein.
Nicht selten habe ich aber erlebt, dass die cleveren Väter die Großeltern oder andere Verwandten für diese Aufgabe einbezogen haben, um sich so wiederum nur die leichten Dinge „herauszupicken".
Auf diese Weise ist es nicht besonders schwierig, Kinder zu erziehen.

Ziel ist es, einen Vergleich der unterschiedlichen „Beschäftigungsverhältnisse" (Beruf und Erziehung/Haushalt) darzustellen.

Im täglichen Einerlei werden die Kinder auch den Vätern gegenüber ihr gewohntes Gleichmaß verlangen und beanspruchen.

> *Ich habe nach dieser „Verordnung" schon viele sehr entnervte Väter erlebt, die dadurch eine ganz andere Beziehung zu der Leistung ihrer Frau bekommen haben.*

Der zweite Schritt geht dann in die Richtung, dass die Eltern sich die Wochenenden, an denen beide frei haben, die Kindererziehung teilen.
Mütter, ganz besonders von starken Kindern, brauchen eine Zeit der Ruhe und Zurückgezogenheit.

> *Einen ganzen Tag für mich haben!*

Dies kann Kraft schaffen, gelassen und geduldiger und humorvoller an die nächste Woche heranzugehen.
Ein Tag Arbeit mit den Kindern bedeutet für die Väter, immer wieder daran erinnert zu werden, welche Aufgaben die Mütter zu leisten haben und dies fördert auch die Beziehung des Elternpaares.

Doch nicht selten versuchen Mütter diese Verordnung zu unterlaufen:
Zum einen schaffen sie es nicht, nur einen Tag zu verbringen, ohne an die Kinder zu denken und ohne sich in irgendeiner Art zu engagieren.
Da kommen dann Aussagen wie:

> *Wie soll ich das Chaos bloß wieder aufräumen, das mein Mann mit den Kindern am Wochenende veranstaltet hat?*

Oder

> *Wird er die Kinder ordentlich versorgen, soll ich nicht lieber mal nachschauen?*

Hier müssen Mütter lernen, auch wieder „Nicht-Mütter" sein zu dürfen.
Eine andere Variante ist allerdings auch, dass Mütter ihren Ehemännern die Kindererziehung überhaupt nicht zutrauen. Das bedeutet, dass manch' ein Vater vielleicht gar keine Chance hat, sich aktiv an der Erziehung zu beteiligen.
Wahrscheinlich auch deshalb, weil die Mutter Angst hat, ihr Mann könne es besser machen als sie.

Liebe Mütter, in diesem Falle kann ich Ihnen nur empfehlen, glauben Sie an sich selbst und die Kraft, die Sie in Ihre Kinder investiert haben.

> *Kein Vater wird es besser machen als Sie. Er wird es vielleicht anders machen, und Sie werden sicherlich jede Menge Argumente finden, warum das so ist.*

Eines der schönsten und häufigsten Argumente ist:

„Es liegt an der tiefen Stimme."

Das sicherlich nicht. Es liegt vielleicht daran, dass Väter (auch wenn Sie mich hierfür steinigen werden) mehr Ruhe haben:
Was ja auch nicht verwunderlich ist, da sie, die Väter, in der Regel einen viel einfacheren Job zu leisten haben, als Sie als Mütter.

Teilen Sie sich das Wochenende: Einen Tag für Mutter, einen Tag für Vater, einen Tag für alle!

So haben alle Beteiligten etwas davon und vor allem die Kinder.
Dabei ist es gar nicht so wichtig, dass die Eltern einen gleichen Erziehungsstil verfolgen.
Wichtig ist nur, dass beide Eltern konsequent darauf achten, dass die Kinder nicht versuchen, beide Erziehungsstile in bezug auf ihre Vorteile gegeneinander auszuspielen.
Wenn beide Elternteile die Kinder erziehen, werden sie zwangsläufig einen gemeinsamen Erziehungsstil entwickeln.

Letztendlich ist es auch von besonderer Wichtigkeit, dass **Kinder** in ihrem **Rollenverständnis** so geprägt werden, dass es keine Unterschiede zwischen Mann und Frau gibt.

Ein Junge lernt, dass auch Väter Hausarbeit erledigen, ein Mädchen lernt, dass Frauen auch andere Dinge als nur Kindererziehung und Hausarbeit machen.

3.6 Die sogenannten „Ausraster"

Diese „Ausraster" sind uns allen ja hinlänglich bekannt und sind eines der schwierigsten Probleme, die wir haben. Unsere Kinder erkennen sehr schnell unser Dilemma, und begründen ihr Verhalten dann auch erfolgreich damit:
„Ich kann nicht anders, wenn ich einen Ausraster bekomme, kann ich nichts mehr dagegen tun!".

Mit diesem Argument geben die Kinder den Eltern ein einfaches Erklärungsmodell an die Hand, das zum einen beinhaltet:

„Ich kann nichts dafür, also dürft ihr mir auch nicht böse sein!"

und zum anderen das Ziel erreicht:

„Ihr dürft mich deshalb auch nicht bestrafen!"

Somit hat das Kind die Eltern auf eine sehr einfache Art hinsichtlich seiner Ausraster erzieherisch handlungsunfähig gemacht. Und wie viele Eltern glauben dies ihren Kindern auch noch.
Es ist in der Praxis nicht einfach, den Eltern die Vorstellung zu vermitteln, dass sie möglicherweise **von ihren Kindern aufs Glatteis** geführt worden sind.
Es ist ihnen nicht bewusst, wenn das Kind nichts für seine Ausraster kann, es sozusagen hilflos oder vielleicht „krank" ist, auch ein anderer (z.B. der Fachmann) nichts dagegen tun kann.
Sie kommen trotzdem mit der Erwartung, dass zwar sie als Eltern nichts tun können, aber der Fachmann vielleicht doch.
Hier müssen dann zwei wesentliche Fragen gestellt werden:

1. **Was würden Sie anderes tun, wenn Sie wüssten, dass das Kind sehr wohl seine Ausraster steuern kann?**

Und siehe da, den Eltern fällt unter diesem Gesichtspunkt eine Menge ein, wie sie sich anders verhalten könnten. So erkennen die Eltern, dass sie doch Möglichkeiten haben, erzieherisch einzuwirken, wenn das Kind seine Ausraster kontrollieren könnte. An diesem Punkt werden die Kinder bereits in solchen Sitzungen schon recht unruhig (...weil man ihnen auf die Schliche kommt).

2. **Wie viele Ausraster hat das Kind täglich, vormittags, nachmittags, im Kindergarten oder in der Schule, bei Oma und Opa usw.?**

Durch diese Fragen wird dann in der Regel der Beweis geführt und verdeutlicht, dass es unterschiedliche Frequenzen von Ausrastern gibt.
So rastet zum Beispiel das Kind in der Schule, im Kindergarten,

bei Freunden, Bekannten oder bei Oma nicht oder weniger aus, zu Hause aber ständig. Oder es rastet zu Hause nicht aus und nur in der Schule oder im Kindergarten.
Hier ist doch dann die Frage erlaubt, ob das Kind sich z.B. nur nachmittags nicht kontrollieren kann (also krank ist) und sich vormittags in der Schule durchaus kontrollieren kann (also nicht krank ist) und wie das wohl möglich ist?
Geht das überhaupt, dass ein Kind vormittags „nicht krank" und nachmittags „krank" und im Urlaub dann überhaupt nicht mehr „krank" ist?
Diese Frage beantworten sich dann die Eltern in der Regel selber und können damit auch die Antworten von Frage 1 benutzen.

Es muss an dieser Stelle erwähnt werden, dass es auch Ausraster extremer Art gibt, wo das Kind in der „Höhepunktphase" (Eskalationsphase) wirklich nicht mehr ansprechbar ist. Dies ist aber seltener der Fall.
Sei es nun so, wie es oben beschrieben wurde, dass das Kind seine Ausraster kontrollieren kann oder wie eben erwähnt, dass das Kind zu einem bestimmten Zeitpunkt seine Ausraster nicht mehr kontrollieren kann, gilt für beide Situationen:

Jeder Ausraster hat eine Vorphase, d.h. ein Aufschaukeln von Wut. Sie sollten Ihr Kind bezüglich dieses Umstandes genau beobachten und Sie werden immer wiederkehrende Verhaltensweisen erkennen. Das heißt, Ausraster haben oft im Vorfeld einen ähnlichen Verlauf. Spätestens an dieser Stelle sollten Sie erzieherisch eingreifen!

Wie sie mit solchen Ausrastern umgehen können, wird später beschrieben.

Der „Ohnmachts-Ausraster"

Eine für Eltern sehr eindrucksvolle Ausrastungsart sind die sogenannten „respiratorischen Affektkrämpfe".
Wir finden sie bei starken Kindern meist bis zum Alter von drei Jahren, selten länger.
Vor allem hier drängt sich ganz massiv die Frage nach Krankheit auf.

Das Kind schreit, holt dabei keine Luft, läuft im Gesicht blau an, zittert und wird möglicherweise sogar ohnmächtig. Oft wird dabei die Hose auch nass.

Sie können sich vorstellen, dass Eltern in einer solchen Situation in Panik geraten. Als mir dies bei meiner Tochter Ilka das erste Mal passierte, habe ich nicht anders reagiert. Erst nach dem Vorfall wusste ich, was passiert war.

So eindrucksvoll und beängstigend diese Ausraster sind (man glaubt das Kind stirbt) so ungefährlich sind sie auch.
Auch wenn das Kind nicht mehr atmet, blau anläuft, es wird spätestens in der Ohnmacht wieder anfangen zu atmen.
Auch hier gilt die gleiche Regel wie oben beschrieben: Handeln Sie bereits im Vorfeld, in der Vorphase.
Es gibt da die unterschiedlichsten Möglichkeiten wie:
Mit kaltem Wasser spritzen, ablenken, schimpfen oder ähnliches. Das ist von Kind zu Kind unterschiedlich. Fragen Sie z.B. gelassen nach etwas, was das Kind unheimlich gerne macht, machen Sie Spaß.

Niemals Angst oder Panik zeigen und möglichst vermeiden, das Kind auf den Arm zu nehmen.

Meine Tochter Ilka liebte Schokolade über alles. Ich habe dann immer die Frage laut gestellt „Wer alles möchte Schokolade?“. Dann rief sie in der Regel „Iiiich!“ und musste zwangsläufig dabei wieder atmen.

Bei den Ohnmachtsausrastern sollte aber trotzdem auf jeden Fall eine medizinische Abklärung erfolgen!!!

3.7 Die Trennung der Eltern

Die allein erziehenden Elternteile sind in unserem Gesellschaftssystem fast schon mehr die Regel, als die Ausnahme. Die Familie rückt immer mehr in den Hintergrund.

Werte wie Verantwortung, Liebe und Fürsorglichkeit sind in unserer Zeit vielleicht nicht mehr so wichtig, weil wir nicht mehr wissen, woher wir die Zeit nehmen sollen. Ehen scheitern immer häufiger an hohen Erwartungen an den Partner, einem hohen Beziehungsanspruch bei oft gleichzeitiger Einschränkung der eigenen Beziehungsfähigkeit.

An diesem Punkt, wenn ein Partner den eben beschriebenen Zusammenhang erkennt, ist es spätestens Zeit, sich einen Familientherapeuten zu suchen, der Ihnen dabei hilft, Lösungsmöglichkeiten zu diesem Problem zu finden: Dies kann sowohl ein Neuanfang sein, als auch eine definitive Trennung.
Kinder sind die Leidtragenden der Schwierigkeiten ihrer Eltern, Kompromisse zu finden und an ihrer Beziehung zu arbeiten. Dabei ist das mit Hilfe von Fachleuten eigentlich gar nicht so schwer.
Bei Trennungen wird dann oft auch über die Kinder, um die Kinder und mit den Kindern gekämpft. Ich frage mich wofür?

Hier verhalten sich Eltern einfach verantwortungslos:

> *Sie verhalten sich wie die Kinder und die Kinder verhalten sich oft so, wie sich die Erwachsenen verhalten sollten.*

Findet ein solch „fragwürdiger" Kampf zwischen den Eltern statt, so ist doch die Frage berechtigt, werden hier nicht die Kinder „missbraucht"?
Kinder werden z.B. plötzlich zu einem „Partner-Ersatz" oder „Druckmittel" und damit überfordert.
Die Kinder werden in eine Machtposition hinein gedrängt, die sie nicht wollen und mit der sie unglücklich sind. Dies hat dann nicht selten zur Folge, dass die Kinder bestimmen (müssen), ob Vater oder Mutter wieder einen Partner finden dürfen.

Es sind **nicht die bösen Kinder**, die die Freundin oder den Freund aus dem Haus graulen, sondern die Eltern, die ihnen diese Aufgabe – ohne es zu ahnen – „übertragen" haben.

Die Schwierigkeiten der Eltern, Beziehungen einzugehen, zu leben und daran zu arbeiten, ist Folge ihrer eigenen **Familiengeschichte**. Ohne diese Erkenntnis überfordern Sie sich selbst, lassen Sie keine Kompromisse zu. Die Kinder sind niemals für den Prozess der Trennung verantwortlich zu machen.

Wenn Sie Ihrem Kind die Sicherheit geben, dass es zwei Elternteile hat, d.h., dass die leiblichen Eltern nicht um die Gunst ihrer Kinder kämpfen, werden sie auch einen weiteren Partner akzeptieren, wenn er als solcher benannt wird.

Kinder streben nach einer harmonischen Familie, erwarten aber von den Erwachsenen, dass sie sich wie Erwachsene verhalten. Dass sich Eheleute aus den unterschiedlichsten, zum Teil auch verständlichen Gründen trennen, lässt sich manchmal nicht vermeiden. Doch beide Partner sind gleichzeitig auch Eltern und haben durch die Geburt ihrer Kinder eine Verantwortung übernommen, die sie erfüllen müssen.
Ich weiß aus eigener Erfahrung, wie schwer es ist, sich vernünftig zu verhalten. Meine Frau und ich haben uns getrennt. Für uns beide war dies eine neue Situation, die zu der Frage führte, wie halten wir den Schaden für unsere beiden Kinder so gering wie möglich?

Der erste Grundsatz war: Keinen Streit vor den Kindern und keinen Streit um die Kinder.

Meine Frau schlug vor, dass beide Elternteile die Kinder hälftig versorgen. Ich hielt dies anfangs für nicht praktikabel. Ich hatte die Sorge, dass dadurch die Kinder eigentlich gar kein richtiges Zuhause mehr haben und bevorzugte die Wochenendregelung. Dadurch bekam aber der ausschließliche Aufenthalt der Kinder am Wochenende bei mir eine ganz andere Qualität. Ich unternahm viel mit ihnen und verwöhnte sie zusehends mehr. Dies forderten sie natürlich dann auch bei meiner Frau ein. Unzufriedenheit war die Folge.
Wir haben daraufhin unser Berufsleben so abgestimmt, dass beide Kinder jeweils die Hälfte der Woche bei einem Elternteil verbringen.
Für beide Kinder ist es jetzt klar, dass sie zwei Zuhause haben, auf das sie sich jeweils freuen, wenn sie kommen. Sie brauchen

keinem Elternteil gegenüber mehr einen **Loyalitätskonflikt** zu haben, vielmehr haben sie zwei „Zusatzeltern“ (nämlich unsere Partner) hinzugewonnen.

Daraus ergibt sich der zweite Grundsatz: Sei vor den Kindern dem jeweils anderen Elternteil stets loyal. Bei Mutter bestimmt Mutter die Regeln, bei Vater bestimmt Vater die Regeln.

Wenn die Kinder mitbekommen, dass beide Eltern freundlich miteinander reden, Zeiten und Erziehungsinhalte planen und für den jeweils anderen Partner eindeutig Partei nehmen, werden Kinder nicht mehr für einen Elternteil, und nicht mehr gegen den neuen Partner kämpfen müssen.
Nun kann es aber passieren, dass der neue Partner, aus welchen Gründen auch immer, in Konkurrenz mit dem alten Partner steht.

„Du hast mir gar nichts zu sagen, du bist nicht meine Mutter (Vater) ...“

In diesem Falle sollten Sie entweder Ihre Partnerwahl überprüfen oder mit Hilfe eines Familientherapeuten Ihren individuellen Weg finden.
Die Möglichkeit, Ihren Partner aus der Erziehung der Kinder zu entlassen, lässt oft einen neuen Dialog zwischen den Kindern und dem Partner zu. Dies führt dann nicht selten zu einer erneuten Erziehungsakzeptanz durch die Kinder.

Hieraus ergibt sich Grundsatz drei: „Stiefeltern“ erziehen nur dann erfolgreich, wenn sie den Auftrag von beiden leiblichen Elternteilen erhalten und dies den Kindern klar vermittelt wird.

3.8 Anders fähige (sogenannte autistische oder geistig behinderte) Kinder

Im allgemeinen Sprachgebrauch werden sie immer noch als „geistig behinderte" Kinder bezeichnet. Bei unserem Thema, dem Thema der starken Kinder, spielen sie eine ganz besondere Rolle, weil sie die Fähigkeit und die Akzeptanz haben, Grenzen maßlos zu überschreiten. Gerade wegen dieser Fähigkeit beschreibe ich sie „anders fähig".
Sie haben – verglichen mit uns „sogenannten normalen Menschen" – und gegenüber anderen starken Kindern den Vorteil, eine andere Sprache zu sprechen.

Das, was ich als andere Sprache bezeichne, nennen andere Kollegen Verhaltensauffälligkeiten, Symptome oder Störungen. Es ist auch wirklich sehr schwer zu verstehen, dass ein Schreien, ein „mit dem Kot schmieren", ein Beißen, ein „sich selbst Schlagen" oder ähnliches auch **eine Form oder die Form von Sprache sein kann**. Ein Kind, das sich so verhält, will damit etwas bezwecken, etwas signalisieren und etwas einfordern. Und dies tut es mit sehr nachhaltigem Erfolg.

Nur wir – als sogenannte Normale – verstehen diese für uns ungewöhnliche Sprache nicht. Wir sehen nur den Effekt (die Störung), aber verstehen nicht die Botschaft.
Eltern sogenannter behinderter Kinder wissen es aber auch, sie haben es nur noch nie als Stärke oder „Anders sein" gesehen, dass ihre Kinder über Fähigkeiten verfügen, die ihnen fehlen.
So haben ihre Kinder die ausgeprägte Fähigkeit, Schwächen und Unsicherheiten der Erwachsenen mit einer Sicherheit zu spüren, die verblüffend ist. Diese Fähigkeit führt dann zwangsläufig dazu, weitaus mehr Grenzen zu überschreiten, als andere Kinder es tun.
Und wenn man von „Behinderung" spricht, so sind auch die Bezugspersonen in gleichem Maße „behindert", weil sie glauben, dass nur ihre Sprache die richtige ist, obwohl sie eigentlich die Sprache des Anderen genauso lernen sollten. Dieses Problem ist

so wichtig und vielschichtig, dass ich es an dieser Stelle nicht weiter ausführen will. Eltern von anders fähigen Kindern empfehle ich das Buch **„Selbstverletzendes Verhalten“**, das ich mit meinem Kollegen Ulrich Elbing geschrieben habe und das im gleichen Verlag erschienen ist (Bestell-Nr. 1465).
Wir setzen uns dort mit dieser Problematik sehr ausführlich auseinander.

Hier, an dieser Stelle, möchte ich aber noch auf einen wichtigen Aspekt eingehen:

Eltern sogenannter behinderter Kinder sind immer noch der Meinung, dass ihre Kinder „besonders arm dran sind“, dass sie ihnen deshalb alles abnehmen und ihnen besonders viel Liebe entgegenbringen müssen. Diese Kinder seien leider nicht in der Lage, die von uns gelebten und gewünschten Regeln zu verstehen. Wir müssen viel mehr Verständnis zeigen, als bei unseren anderen Kindern.

Diese Einstellung ist ein Irrglaube und führt zwangsläufig zum Aufbau von Verhaltensauffälligkeiten.

Anders fähige Kinder nutzen diesen Bonus, der ihnen auf Basis dieser Überlegungen eingeräumt wird, genauso schamlos aus wie es auch andere Kinder tun würden.

Richtig ist vielmehr, dass Sie ihr anders fähiges Kind genauso erziehen können, wie die anderen. Anders fähige Kinder brauchen eher einen engeren und überschaubareren Regelrahmen, um glücklich zu sein. Denn nur so finden sie ihre Sicherheit und Orientierung. Würden Sie Ihr anders fähiges Kind genauso erziehen, wie Ihre anderen Kinder, bräuchten Sie dieses Buch nicht zu lesen.

Ich möchte an dieser Stelle noch einen weiteren Mythos entzaubern.
Autistische Kinder sind gar nicht so schlimm wie ihr Ruf.
Ich kenne eine Anzahl glücklicher autistischer Kinder, ohne extreme Verhaltensweisen. Diese Kinder hatten das Glück, dass ihre Eltern sie wie normale Kinder erzogen haben. Bei autisti-

schen Kindern ist nicht die Erziehung ein Problem, sondern das (Er)lernen ihrer etwas anderen Sprache.
Wenn man weiß, dass diese Kinder Schwierigkeiten haben, unsere Gefühle und unsere Regeln zu verstehen, wird man harmonisch mit ihnen leben können, wenn man auch ihre Gefühle (und die haben sie durchaus, nur wir verstehen sie nicht immer, weil wir sie nur mit unseren Erfahrungen einschätzen) und ihre Form der Kommunikation wahrnimmt und akzeptiert.

Mit autistischen Kindern muss man eben „zweisprachig" leben.

Ich habe diese Sprache mühsam lernen müssen, genauso mühsam, wie diese Kinder die unsere. Seitdem kann ich mich mit jedem autistischen Kind „unterhalten". Eltern sind in der Beratungssituation immer wieder überrascht, dass ihre Kinder auf mich zugehen, sich auf meinen Schoß setzen, obwohl sie das Fremden gegenüber noch nie getan haben.
Autistische Kinder sind sicherlich extremer als andere Kinder, aber mit folgender Regel werden Sie auch Kontakt zu einem autistischen Kind finden:

Sie gewinnen die Zuneigung jedes (auch eines autistischen) Kindes am schnellsten, wenn Sie es zufrieden lassen, abwarten können und mit Blicken und einem Lächeln und einem bisschen „verrückt-kindlichen" Verhalten sein Interesse wekken.

Und noch eine Bitte an Eltern autistischer Kinder:

Hört mit dem Unsinn auf, Heime und Wohnstätten zu finden, wo nur autistische Menschen leben. Gerade Eltern autistischer Menschen sollten den Begriff **„Integration"** gezielt verfolgen.
Ein Zusammenleben von nur autistischen Menschen bedeutet eine extreme Erhöhung von extremen Verhaltensweisen, weil die andere Art des Lebens und Lernens fehlt.

Würden Sie Kinder, die nicht sprechen können oder wollen (aus welchen Gründen auch immer) in einer Einrichtung zusammenlegen, wo es nur nichtsprechende Kinder gibt? Wie sollen sie dann lernen, welche Vorteile es haben kann, sich sprachlich anders mitteilen zu können?

Ich weiß, dass ich mir mit diesen paar Sätzen eine Menge Feinde gemacht habe. Trotzdem weiß ich, dass ich bis heute als „Autismus-Experte“ gelte. Meine Überzeugung und mein Optimismus aber lässt mich hoffen, dass es einige wenige andere Experten gibt, die meine Meinung teilen, und zumindest eine Diskussion mit einem „glücklichen Ende“ in Gang gesetzt wird.

3.9 Konsequenz muss sein, aber nur wenn man sie durchhalten kann!

Ich muss hier vorausschicken, dass dieser Abschnitt auch sehr böse und vielleicht sogar verletzend sein kann. Aber, wie habe ich es von unseren Kindern gelernt:

Provokationen können zu Veränderungen führen!

Ich will hier nicht die Qualität der Kollegen und Institutionen in Frage stellen, die konsequentes Verhalten in der Erziehung für unabdingbar halten.

Es ist aber wichtig, dass wir uns auch mit den sozialen Bedingungen, mit unserem Rollenverständnis, den dunklen Seiten unserer heutigen Zivilisation auseinandersetzen.
Die gesamte Literatur der Kindererziehung baut darauf, dass **konsequentes Verhalten das A und O der Kindererziehung** ist.
Dem will ich gar nicht widersprechen. Das Problem ist nur, dass wir verdammt wenig Zeit haben für Konsequenzen.
Wir, die Eltern, leben in einer schnellen Zeit.
Mütter sind heute entweder alleinerziehend oder berufstätig.
Väter glauben immer noch daran, dass sie die Krone der Schöpfung sind.

Manchmal frage ich mich unter diesen Bedingungen, wofür „schaffen“ sich Paare eigentlich noch Kinder an?
Status, d.h.,

> *„Wer bin ich, oder besser noch, wen will ich darstellen?“*

scheint doch die wichtigste Rolle zu spielen.
Aber wie es der Teufel so will, gehört offensichtlich zum Statussymbol auch das Kind.
„Nur was macht man damit, wenn man denn mal eines hat?“

Kinder müssen in der Schule oder im Kindergarten Regeln und Vernunft lernen und sie geben sich dabei redlich Mühe.
Warum gibt es nicht vergleichbare Institutionen für werdende Eltern?
Es gibt Schwangerschaftsgymnastik, Geburtsvorbereitungen, aber niemand kommt auf die Idee, Eltern auf ihre Verantwortung bezüglich der Erziehung vorzubereiten.

> *Ein Auto darf niemand fahren ohne einen Nachweis, dies auch zu können.*
> *Ein Kind darf jeder erziehen!*

Doch nun genug der „Beleidigungen“

Konsequenz ist das bisher wichtigste Wort der Kindererziehung.
Aber sind wir als Eltern immer, wenn es um unser Leben geht, absolut konsequent?
Ja, halten wir uns immer an alle Regeln unseres Staates, unserer Familie und der Gesellschaft?

> *Nein, wir sind die Könige der Disziplin und glauben aber trotzdem, dass unsere Kinder nicht merken, dass wir selbst auch nicht sooo... diszipliniert sind.*

Doch wir sind die Vorbilder unserer Kinder, und wie sollen sie konsequentes Verhalten und Regeln lernen, wenn wir uns nicht selbst daran halten?

Wir verlangen von unseren Kindern teilweise Dinge, die wir als Erwachsene selbst nicht einhalten.

Das sollten wir als erstes berücksichtigen.
Als zweites ist es wichtig, wenn wir in einer Sache konsequent sein wollen, weil es uns richtig erscheint, und wir uns natürlich in einer vergleichbaren Situation genauso verhalten würden, dann sollten wir auch konsequent sein und bleiben.

Vergessen Sie dieses „Zauberwort" Konsequenz. Es hört sich gut an und ist sicherlich vollkommen richtig, aber der einzige Nachteil ist, es lässt sich wirklich selten konsequent durchführen.

Wie ich schon an anderer Stelle beschrieben habe, sollten Sie **dann konsequent sein**, wenn Sie sich die Zeit und die Ruhe und Geduld leisten können ...

... Konsequenzen mal wirklich konsequent durchziehen zu können.

Aber wann geht das schon?

Nach dem Prinzip der Unberechenbarkeit ist es wichtig, dann konsequent zu sein, wenn man es wirklich will.

4. Die professionellen Helfer

Sicherlich werden Eltern zu irgendeinem Zeitpunkt auch die Hilfe von professionellen Helfern in Anspruch nehmen, sei es auf Anraten von Freunden und Bekannten oder aufgrund von Empfehlungen anderer Eltern mit ähnlichen Problemen. In der Regel ist aber die erste Anlaufstation der Kinderarzt.

4.1 Der Kinderarzt

Im Grunde sind wir über die jeweiligen Vorsorgeuntersuchungen (U 1 bis U 9) ja regelmäßig mit dem Kinderarzt in Kontakt. Wir wissen aber z.B. nicht, dass diese Untersuchungen bestimmte Schwierigkeiten nicht erfassen.

> *Etwas verwirrt sind wir sicherlich, wenn bei allen U-Untersuchungen, das „unauffällig" angekreuzt wird.*

Anfangs werden wir darüber erfreut sein, doch mit der Zeit kommen uns Bedenken, wir werden Fragen stellen, ob dieses grenzüberschreitende, teilweise aggressive Verhalten wirklich normal ist.
Zumal, wenn unsere Bekannten und Eltern oder andere Personen uns vom Gegenteil überzeugen wollen. Wie bei anderen Fachleuten auch, werden wir auch bei Kinderärzten unterschiedliche Erklärungen hören:

> *Eine klassische Variante ist, dass wir über ein starkes Kind verfügen, das sich vielleicht etwas länger trotzig verhält, als andere Kinder, aber „das wächst sich aus".*

In Zweifel werden wir geraten, wenn im Alter von 5 oder 6 Jahren sich die Verhaltensweisen immer noch nicht „ausgewachsen haben", sondern eigentlich schlimmer geworden sind.

Eine andere Variante ist, dass man der kindlichen Entwicklung entsprechenden Freiraum lassen soll (siehe anfängliche Geschichte).

Eine weitere Variante ist, dass wir in einer solchen Situation als Eltern angewiesen werden, konsequenter und strenger durchzugreifen. Was uns aber in der Regel nicht gelingt.

Kinderärzte sind in erster Linie für Kinderkrankheiten zuständig und weniger für die Verhaltensweisen der Kinder. Ein guter Kinderarzt wird Ihnen Ratschläge geben und wenn diese nicht den gewünschten Erfolg zeigen, wird er Sie an eine Erziehungsberatungsstelle, einen Kinderpsychologen oder Kinderpsychiater überweisen.

4.2 Die Erziehungsberatungsstelle

Erziehungsberatungsstellen haben leider oft sehr lange Wartezeiten. Dieser Umstand macht die Sache sicherlich nicht leichter. Dann bekommen wir einen Termin, zu dem in der Regel die ganze Familie eingeladen wird. Es werden erzieherische Vorgehensweisen, familiäre Zusammenhänge und die elterliche Beziehung erfragt.

Manchmal, so berichten Eltern, könnten sie sich nicht des Eindrucks erwehren, dass alles nur ihre Schuld sei.

Warum nehmen die sich nicht das Kind vor, denn das ist doch auffällig und nicht wir Eltern!

Der Ratschlag, etwas an der Erziehung zu verändern und als Eltern mehr Verantwortung zu übernehmen, führt nicht selten dazu, den Berater abzulehnen.
Hier herrscht bei den Eltern der Glaube vor, man könne die Kinder einfach „reparieren".
Das Kind lebt eingebettet in einer Familie, geht zur Schule oder in den Kindergarten und verhält sich an den unterschiedlichsten

Stellen teilweise auch recht unterschiedlich.
Und an allen Stellen wird es Personen geben, die sich wiederum recht unterschiedlich mit dem Verhalten des Kindes auseinandersetzen, was wiederum zu unterschiedlichen Verhaltensweisen des Kindes führt.
Man kann also die kindlichen Verhaltensweisen nicht losgelöst von seinem Umfeld betrachten.
Das bedeutet, dass bei einer Behandlung eines „störenden“ Verhaltens das Umfeld des Kindes mit einbezogen werden muss.

Es gibt viele gute Beratungsstellen, die uns Eltern auch „Tips“ geben können, nur was ist, wenn all diese „Tips“ nur kurzfristig klappen. Plötzlich haben wir wieder die gleichen Bedingungen, wie vor der Beratung. Manchmal ist es auch noch schlimmer geworden.
An irgendeinem Punkt wird dann vielleicht auch der Erziehungsberater mit seinem „Latein am Ende“ sein und möglicherweise über weiterführende Ursachen nachdenken, die dem Kindverhalten zugrunde liegen könnten. Er wird Ihnen raten, sich an einen Kinderpsychologen oder an die Kinderpsychiatrie zu wenden.

Das heißt, dass eine Kinderpsychiatrie über weitere Möglichkeiten verfügt, die eine Erziehungsberatungsstelle nicht leisten kann.

4.3 Die Kinderpsychiatrie

Im Vordergrund einer Überweisung an eine Kinderpsychiatrie steht oft beim Überweiser, auch nicht selten bei den Eltern, die Vorstellung...

> *... dass das Kind irgendeinen Defekt „im Gehirn oder in der Seele“ hat, den es zu finden (Diagnostik) und dann zu beseitigen (Therapie/ Behandlung) gilt.*

Die Vorstellung ist, dass dies in einem stationären Rahmen geschieht, das heißt, das Kind wird für eine gewisse Zeit auf einer Station aufgenommen, es werden eine Vielzahl von Untersuchungen und Beobachtungen angestellt, um dann sagen zu können, das Kind hat dieses oder jenes.

Und für eine solche Diagnose gibt es dann auch eine entsprechende Behandlung, die dazu führt, dass das Symptom, das Verhalten verschwindet.

Diese Vorstellungen sind in der Form nicht haltbar.

> *Diagnosen sind ein zweischneidiges Schwert.*

Zum einen können sie, nach anfänglichem Schock der Eltern („mein Kind ist krank“) für diese auch eine Entlastung darstellen.

> *„Weil mein Kind krank ist, kann ich auch nichts dafür, dass mein Kind so ist.“*
> *„Wenn mein Kind krank ist, dann muss es auch ein Mittel geben, dass mein Kind wieder gesund wird.“*

Solche Mittel gibt es aber in der Regel nicht.
Insofern sind Diagnosen eigentlich nichts mehr als Hilfskonstruktionen, um mal auf einer Ebene zu gucken und auszuprobieren. Das kann nicht ohne die Mitarbeit des Umfeldes (Familie, Schule, Kindergarten etc.) erfolgen.

Kinderpsychiatrie bedeutet eher einen Ausschluss von körperlicher Erkrankung und ein gemeinsames Schauen, wie alle Beteiligten sich anders verhalten könnten, um neue Wege eines familiären Lebens zu finden.

Es kann aber für eine bestimmte Zeitdauer von Wichtigkeit sein, dass sich eine Familie von ihrem Kind trennt, vielleicht um

> - *wieder Kraft zu tanken und in der Zwischenzeit vielleicht neue oder andere Regeln zu erdenken, die sozusagen einen Neuanfang bedeuten können;*
> - *dem Kind eine andere Form eines Lebens zu vermitteln, da die Regeln auf einer kinderpsychiatrischen Station sehr eng geknüpft sind und das Kind die Chance hat zu erfahren, wie es einem gehen kann, wenn man sich an Regeln halten muss.*

Das muss nicht unbedingt eine schlechte Erfahrung sein. Das Kind kann durchaus ein Maß an Zufriedenheit entwickeln, wenn es Regeln folgen kann und nicht ständig kämpfen muss.

Das bedeutet, dass Psychiatrie aber nicht als Strafaktion oder „Zwischenlager“ benutzt werden kann und darf.
Eine weitere stationäre Möglichkeit sind sogenannte „Eltern-Kind-Stationen“, wo möglichst alle Familienmitglieder über einen bestimmten Zeitraum auf einer Station zusammenleben, um unter fachlicher Begleitung vielleicht andere Wege eines gemeinsamen Umgangs zu erproben und/oder zu verändern, bzw. zu lernen.
Es ist für Sie wichtig zu wissen, dass in einer Kinderpsychiatrie Ihr Kind nicht pathologisiert (krank gemacht) wird, sondern allen Beteiligten geholfen wird, zu **lernen, anders miteinander umzugehen.**

4.4 Die Schule und der Kindergarten

Die Probleme von Eltern und Schule bzw. Kindergarten sind insofern voraussehbar, wenn sich unsere Kinder in der einen oder anderen Einrichtung auch sehr dominant, stark und möglicherweise unruhig und aggressiv verhalten.
Das bedeutet, dass es ihnen auch dort gelingt, selbst pädagogisch langjährig geschultes Personal in seine Schranken zu verweisen.
KindergärtnerInnen und LehrerInnen werden sich natürlich auch ihre Gedanken machen und all ihr Wissen über den Umgang mit starken Kindern in ihr Handeln mit einbeziehen.
Es muss dabei allerdings berücksichtigt werden, dass in einem Klassenverband von 25 bis 30 Schülern oder einer Kindergartengruppe mit ähnlicher Größe ganz andere Bedingungen herrschen, als in der Familie.
Gelingt es den professionellen Pädagogen nun nicht, das Kind zu integrieren, was durchaus verständlich sein kann, so wenden sie sich mit der Bitte an die Eltern, doch etwas zu verändern, z.B. konsequenter mit dem Kind umzugehen.

Eltern fühlen sich aber damit überfordert:
Wie sollten sie auch professionellen Fachleuten sagen, wie sie anders mit ihrem Kind umgehen könnten?
Die letzte Konsequenz daraus ist dann die Empfehlung, sich an eine Psychiatrie zu wenden.
Und dann sitzen die Eltern in einer kinderpsychiatrischen Am-

bulanz und wissen eigentlich gar nicht so genau, was sie dort sollen.

Den Eltern wurde geraten, sich anders zu verhalten, damit auch die Kinder sich in Schule und Kindergarten anders verhalten. Kinder verhalten sich aber zu Hause, wie sie es gewohnt sind und in Kindergarten und Schule so, wie sie es gelernt haben. Und zwar dort.
Sie haben erkannt, dass sie auch in Schule oder Kindergarten ihren Gewohnheiten frönen können und das professionelle Personal dem „auch nichts" entgegensetzen kann. Bei einer hohen Gruppengröße ist das auch gar nicht möglich.
Berechtigt ist allerdings die Forderung der KindergärtnerInnen und LehrerInnen, dass ein Fehlverhalten in der Schule oder im Kindergarten auch durch die Eltern Konsequenzen erfahren sollte. Eltern sollten eindeutig signalisieren, dass die Forderungen der Lehrer und Kindergärtner berechtigt sind.
Oft ist es aber so, dass Eltern den Einrichtungen die Schuld zuweisen und mit den Lehrern kämpfen.
Mein Kollege Horn hat dies einmal sehr klar und einfach formuliert:

> *„Kämpfe niemals mit der Schule, gerade wenn du gewinnst, wird es dein Kind nicht einfach haben!"*

Und das ist auch verständlich: Ein Lehrer mit einer Klassengröße von 30 Schülern leistet bereits Unglaubliches. Wenn er dann noch „angemeckert" wird, dass er sich nicht genug um unser Kind bemüht, wird er verständlicherweise sein Engagement für dieses Kind sicherlich nicht erhöhen.

Ich empfehle Eltern in solchen Situationen häufig, die Schule oder den Kindergarten zu bitten, sich in unserer Ambulanz zu melden und sich Rat zu holen, wie sie anders mit dem Kind umgehen könnten. Ein gemeinsames Gespräch mit Eltern und Lehrern bringt auch Ihnen als Eltern ein größeres Verständnis für die Arbeit, die ein Lehrer zu leisten hat.
Meist verändert ein anderer Umgang mit den Kindern in Schule, Kindergarten und Elternhaus dann auch die Situation.

Denn Kinder können sehr wohl unterscheiden, dass in unterschiedlichen Umfeldern auch unterschiedliche Regeln herrschen.

Im Kindergarten und in der Schule sind die Mitarbeiter der Schule und des Kindergartens zuständig, in der Familie die Eltern.

> *Eltern können nicht zu „Hilfsmitarbeitern" der Schule oder des Kindergartens gemacht werden, genauso wenig wie LehrerInnen oder KindergärtnerInnen „Hilfsmitarbeiter" der Eltern sein können.*

An dieser Stelle möchte ich das Kapitel der möglichen Stressfaktoren beenden. Es sind sicherlich noch weitere denkbar, doch ich denke, ich habe die wesentlichsten kurz bearbeitet.

> *Weil Stressfaktoren eben Stress machen, habe ich sie nur „kurz" und mit Sicherheit unvollständig dargestellt. Über jeden Stressfaktor könnte man ein Buch schreiben.*
> *Doch hoffe ich, dass ich die wichtigsten Punkte erwähnt habe.*

Man möge mir meine freche und vielleicht auch unverschämte Art verzeihen. Ich bin aber gerne bereit, den Beweis zu führen, dass ein Umdenken durchaus von Vorteil sein kann.
Ich will an dieser Stelle hervorheben, dass ich keine Berufsgattung disqualifizieren möchte!
Ich weiß, dass alle Kollegen, Ärzte, Kindergärtner, Berater, Therapeuten und Lehrer hochqualifiziert sind und ihr Bestes tun.

5. Was heißt eigentlich Kommunikation?

Wir haben dieses Wort „Kommunikation“ schon alle einmal gehört, und jeder hat eine gewisse Vorstellung davon, was dieses Wort bedeutet:
Nur es zu definieren, ja, das ist recht kompliziert.
Das bedeutet, dass es jetzt auf den nächsten Seiten etwas schwieriger wird zu verstehen, was ich meine. Ich werde aber die einzelnen Punkte mit Beispielen belegen, um das Gesagte zu verdeutlichen.
Kommunikation ist ein Austausch zwischen zwei oder mehreren Personen. Das ist aber nicht ausschließlich darauf beschränkt. Es kann auch Kommunikation zwischen Maschinen geben, denken wir z.B. an Computer.
Dieser Umstand ist aber für dieses Buch weniger wichtig.

> *Wir können davon ausgehen, dass in Situationen, in denen mehr als eine Person anwesend ist, Verhalten und Kommunikation gleichzusetzen sind.*

Am Anfang dieses Kapitels will ich kurz einige Merkmale darstellen, die die Bedeutung des Begriffes Kommunikation darstellen können:

5.1 Kommunikation hat immer etwas mit dem Transport von Informationen zu tun

Dabei ist es erst einmal unwichtig, welchen Inhalt die Information hat und welches Transportmittel benutzt wird.
So kann ein Blick (Transportmittel) Verliebtheit (Information) signalisieren, das ständige Hin- und Herlaufen eines Kindes (Transportmittel) kann auf Langeweile oder Unzufriedenheit (Information) hinweisen.
Das zeigt bereits, dass es die unterschiedlichsten Transportmittel gibt.

Das üblichste Transportmittel ist die Sprache. Aber auch Mimik und Gestik begleiten häufig dieses wichtigste Kommunikationsmittel.

Es lassen sich eine Vielzahl weiterer, vor allem nicht-sprachliche Signale als Kommunikationsmittel beschreiben:

- Wütend hinwerfen,
- Schreien
- Aggressionen
- Weinen, Lachen usw.

Alle diese Signale haben die Funktion, uns Informationen zu vermitteln. Problematisch ist es dann, wenn wir die Informationen nicht so verstehen, wie sie gemeint sind.

So kann das Schlagen eines anderen Kindes zum Beispiel auch die Information beinhalten „Ich will dich kennenlernen!". Es kann weiterhin bedeuten „Ich weiß nicht, wie ich das anders machen kann!". Es kann aber auch bedeuten, und das ist das naheliegende, was wir zuerst annehmen werden, „Ich bin wütend auf dich oder ich will dich ärgern!".

Wir sehen jetzt schon, wie schwierig es sein kann, nicht-sprachliche Informationen richtig zu entschlüsseln. Gelingt uns das nicht, so kommt es zu Missverständnissen. Missverständnisse führen in der Regel zu Konflikten.

5.2 Kommunikation ist mehr, als das bloße Aussenden von Botschaften (Informationen)

Der Sinn von Kommunikation ist der Austauschcharakter. Das bedeutet, wir wollen einen Dialog. Wenn wir ein Signal aussenden, wollen wir dafür eine Rückmeldung bekommen. An der Rückmeldung können wir vielleicht erkennen, ob unser Gegenüber unser Signal auch richtig verstanden hat.

Ein Kind A schlägt ein anderes Kind B, dieses läuft weg (als Reaktion).
Hat das schlagende Kind A die Absicht gehabt, das andere Kind B kennenzulernen, so erkennt es, dass Kind B sein kommunikatives Signal nicht richtig verstanden hat. Das kann z.B. Kind A wütend machen und es läuft hinterher und schlägt erneut.
Diesmal für Kind A als Signal der Wut.

Das gleiche kommunikative Signal für **zwei verschiedene Botschaften**!
Das schafft auf allen Seiten Verwirrung, und macht einen sinnvollen Dialog schwierig. Würde Kind B die Botschaft richtig verstehen, und auf das Schlagen mit Zuwendung reagieren, z.B. indem es Kind A die Hand gibt und fragt „Wie heißt du?“ so hätte Kind A erkannt, das Kind B seine Botschaft verstanden hat. Gleichzeitig würde Kind A erkennen und lernen, dass es auch eine andere Art des Kennenlernens gibt (z.B. Hand geben und Fragen).

Kommunikation ohne diesen Austauschcharakter wäre lediglich das Aussenden von Informationen (Monolog).

5.3 Doppelte Botschaften

Unter doppelten Botschaften verstehen wir, dass sich ein Kind mit Aussagen oder Handlungen auseinandersetzen muss, die sich widersprechen. Diese können uns auf der Handlungsebene, im sprachlichen Dialog oder auch auf gefühlsmäßigen Bereich passieren.

Doppelte Botschaften auf der Handlungsebene

Ich gebe einem Kind einen Tag Hausarrest und widerrufe diese Anordnung nach einer Stunde wieder. Ich verbiete einem Kind, das Essen zu zermatschen, nehme aber meine Gabel und zerkleinere ihm dann selbst das Essen.

Wenn Sie sich zu einer „Strafe“ entscheiden sollten, dann sollten Sie sich vor dem Aussprechen der Bestrafung auch die Frage stellen, ob Sie die Möglichkeit, die Geduld und das Durchhaltevermögen haben, diese Strafe konsequent durchzuführen. Tun Sie es nicht, wie in den beiden Beispielen beschrieben, verunsichern Sie Ihr Kind.
Es weiß dann nicht mehr, ob Sie es ernst meinen oder nicht.
Sie schwächen dadurch Ihre natürliche Autorität. Das Kind wird sehr schnell auf Bestrafungen nicht mehr reagieren, weil es weiß, dass Sie es nicht ernst meinen, und spätestens beim nächsten Mal werden Sie dann wieder „umkippen“.
Das führt dazu, dass Kinder sich einfach auf Ihre Bestrafungsversuche einstellen und diese somit ihre begrenzende Funktion verlieren.
Unter diesen Voraussetzungen können Sie gleich auf Begrenzungen verzichten.
Die Schwächung Ihrer Autorität führt gleichzeitig meist zu einer Erhöhung von Grenzüberschreitungen.

Gefühlsmäßige doppelte Botschaft

Ich bin außergewöhnlich ärgerlich auf mein Kind, weil es mich wieder bis zur „Weißglut“ gebracht hat und raste aus, brülle herum, beschimpfe das Kind und schicke es ins Zimmer. Dabei bin ich ganz erschrocken über meinen, wie mir scheint, massiven gefühlsmäßigen Ausbruch und schäme mich über mich selbst. Ich entschuldige mich beim Kind und sage ihm, dass ich es lieb habe.

Einen ganz typischen Fall kenne ich aus meiner täglichen Praxis: Es sitzen mir Eltern gegenüber, die sich ausführlich über alle Grenzüberschreitungen, von trotziger Verweigerung bis zu körperlichen Angriffen, auslassen und sie lächeln dabei ihr Kind ständig an.
Es sieht so aus, als ob sie auch noch stolz darauf sind.
Sicherlich ist eine Portion Unsicherheit dem Therapeuten gegenüber dabei, das Kind aber registriert: die Eltern sprechen über meinen ganzen „Mist“ und „meine Ausraster“, aber die finden das ja gar nicht so schlimm.

Auch gefühlsmäßige doppelte Botschaften führen zu einer Schwächung Ihrer Autorität und zu einem Nicht-Ernst-nehmen der

Eltern. Hier kommt aber noch ein weiterer Faktor hinzu:
Sie vermitteln den Kindern damit auch Angst. Angst davor, dass die Eltern nicht mehr so richtig wissen, ob sie mich noch lieb haben oder ich ihnen egal bin. Sie (die Kinder) werden deshalb immer mehr Grenzüberschreitungen begehen, um sich dadurch Klarheit zu verschaffen, wie die Eltern denn nun letztendlich ihnen gegenüber gefühlsmäßig eingestellt sind.

Denn im Grunde geht das für ein Kind „voll in Ordnung“, wenn Mutter oder Vater mal so richtig „ausrasten“. Denn das zeigt dem Kind, dass die Eltern auch oder noch Gefühle haben und an diesem Punkt ihre Toleranzgrenze erheblich überschritten wurde.

Ihnen als Eltern sei geraten, dass Sie das Recht und auch die Pflicht haben, Ihre Gefühle so zu zeigen wie sie sind. Wenn Sie sauer oder ärgerlich sind, dann zeigen Sie das deutlich. Es ist einfach ungesund für Sie, allen Ärger ständig in sich hineinzufressen. Sie werden dann unterschwellig immer wütend sein und sich über Ihre Wut erschrecken.

Das führt dann nicht selten zu sogenannten **Überbehütungsreaktionen:**

Unter Überbehütung verstehe ich, dass Eltern sich ihrer berechtigten, aber unterdrückten Wut dem Kind gegenüber bewusst werden, sich furchtbar darüber erschrecken und sich dieser Wut schämen. Als Entschuldigung vor sich selbst, werden sie das Kind als Ausgleich verwöhnen und noch besser versorgen.

Kinder spüren aber diese Wut und werden deshalb noch mehr Zuwendung und Verwöhnen ständig einfordern. Das ist ein Fass ohne Boden.

Eltern müssen und dürfen ihre Gefühle des Ärgers, der Wut und der Enttäuschung ihren Kindern deutlich zeigen. Je eindeutiger sie darin sind, umso klarer wird dem Kind, an welchem Punkt es zu weit gegangen ist. Eindeutigkeit der Gefühle vermittelt dem Kind Sicherheit.

Doppelte Botschaften auf der sprachlichen Dialogebene

> *Ich drohe meinem Kind, „wenn du nicht sofort aufhörst, dann mache ich den Fernseher aus", tue es also nicht.*
> *Ich frage mein Kind, „Kommst du essen" und es erwidert „Nein". Ich sage dann, „Doch, du kommst jetzt sofort zum Essen"! und „schleife" es zum Tisch.*

Die Schwächung Ihrer natürlichen Autorität liegt hier ebenfalls auf der Hand. Wenn Sie drohen, dann sollten Sie auch bereit sein, diese Drohung gegebenenfalls durchzusetzen. Sie sollten aber dabei berücksichtigen, dass Sie sich in einem solchen Fall möglicherweise auf einen Kampf mit dem Kind einlassen müssen.
Und Sie sollten sich die Frage stellen: „Was tue ich, wenn das Kind sich weigert, meiner ausgeführten Drohung Folge zu leisten?"
Hier kann es sinnvoller sein, nicht zu drohen oder zu bestrafen, sondern eher nach dem Prinzip der Unberechenbarkeit (siehe späterer Text) zu verfahren.

> *Wenn ich meinem Kind etwas androhe, muss ich auch bereit sein, die Drohung gegebenenfalls umzusetzen.*

Das zweite Beispiel beinhaltet aber noch einen weiteren Aspekt: Ich kann sagen, alle Eltern, alle Erzieher, mich eingeschlossen, machen immer wieder den Fehler, eine definitive Aufforderung in Frageform zu formulieren:

> *„Kommst du essen?"*

Eigentlich wollen wir aber, dass das Kind jetzt zum Essen kommt. Fragen wir aber, so lassen wir dem Kind eine Alternative. Es kann mit „ja" oder „nein" antworten. Wir wollen aber, dass gegessen wird, und auch wenn das Kind „nein" sagt, setzen wir uns durch.
Das Kind fühlt sich in diesem Fall nicht ernst genommen. Wir geben eine Entscheidungsmöglichkeit vor, und wenn es sich entscheidet (nicht in unserem Sinne), werden wir trotzdem wütend.

Das Kind kommt sich berechtigterweise „veralbert“ vor. Es wird deshalb vermehrt eigene Entscheidungen treffen, da die Eltern sich ja sowieso nicht an Regeln halten.

Wenn ich möchte, dass mein Kind etwas tun oder lassen soll, so muss ich das klar und deutlich zum Ausdruck bringen und nicht als Frage formulieren.

5.4 Alles ist Kommunikation, man kann nicht Nicht-Kommunizieren

Jede Form von Äußerung oder auch Verhalten, verfolgt ein Ziel, wie eben beschrieben. Ersetzen wir den Begriff **Ziel** mit dem Wort **Empfänger**, und dieser kann sowohl ein Gegenstand als auch eine Person sein, so erwartet jede Verhaltensäußerung eine Reaktion des Empfängers.
Sie werden jetzt sagen:
„...Und wenn ich nicht reagiere, dann kommuniziere ich ja auch nicht!“

Dies ist nicht richtig, denn auch das Nicht-Reagieren ist eine Reaktion.

Ein Kind will unbedingt einen Lutscher haben und schreit so laut es kann. Ich tue so, als höre ich es nicht, ignoriere das Verhalten. Das Kind reagiert auf dieses Nicht-Reagieren aber, indem es vielleicht denkt:
„Mutter will mir keine Lutscher geben, also muss ich noch deutlicher werden!“ und wirft sich auf den Boden und strampelt. Wir sehen also, dass unser Nicht-Handeln als verweigerndes Signal verstanden und entsprechend reagiert wurde.

Es ist also auch durch ein Nicht-Verhalten zu einem Dialog gekommen. Dialog heißt, dass es zu einer Aktion und Reaktion (Austausch) gekommen ist (wir werden später davon mehr hören).

So verstanden ist alles, auch jede Aktion, kommunikativ.

Es ist vielleicht nicht der für uns gewohnte Weg eines Dialoges, aber es ist ohne Frage ein Dialog.
Für den Umgang mit unseren starken Kindern bedeutet dies, dass alle Verhaltensäußerungen Kommunikation sind, das heißt anders formuliert „eine andere Form von Sprache“!
Also, um mit unseren Kindern erzieherisch erfolgreich umgehen zu können, müssen wir ihre Sprache verstehen oder es eben lernen.

5.5 Welche Rolle spielt die Aufmerksamkeit für einen erfolgreichen Dialog?

Aufmerksamkeit ist die wesentlichste Grundlage für neue Erfahrungen. Lernen ist nur sehr schwer zu bewerkstelligen, wenn man sich nicht dem zu Lernenden entsprechend zuwendet.

> *Ich habe sicherlich wenig Chancen, einem Kind das Bauen eines Legohauses beizubringen, wenn dieses ständig den Raum verlässt oder sich mit anderen Gegenständen beschäftigt.*

Ich kann nicht die Beschaffenheit eines Tisches beschreiben, wenn ich den Tisch nicht kenne oder nicht kennengelernt habe. Also muss ich mich erstmals dem Tisch zuwenden und seine Beschaffenheit, wie auch immer, prüfen. Das kann geschehen über das Ansehen, Anfassen, Anhören (z.B. Klopfen oder Kratzen). Mache ich Erfahrungen dieser Art, so gilt dem Tisch zwangsläufig meine Aufmerksamkeit.
Die Aufmerksamkeit unserer Kinder zu erreichen, ist ein wesentlicher Aspekt in der Erziehung.

Aber Aufmerksamkeit hat in der Erziehung auch eine andere Seite:
Jeder kennt den Witz: „Kommt ein Mann zum Psychiater und erzählt, dass alle Menschen ihn ignorieren würden“. Die Antwort: „Der nächste bitte!“.
Hier haben wir es mit einem Aufmerksamkeitsdefizit zu tun, das von anderen Menschen oder dem Umfeld ausgeht.
Kein Mensch ist in der Lage, ohne die Aufmerksamkeit anderer

Menschen zu existieren. Der Austausch mit anderen Lebewesen ist wichtig.
Wird einem Menschen zu wenig Aufmerksamkeit geschenkt, so wird er bestimmte Verhaltensauffälligkeiten entwickeln, um darüber Aufmerksamkeit zu erreichen.

Starke Kinder brauchen oft ein hohes Maß an Aufmerksamkeit und entwickeln immer neue Methoden, um diese Aufmerksamkeit zu erreichen. Dabei kann durchaus auch das Schimpfen als eine gewünschte Reaktion der aufmerksamen Zuwendung angesehen werden.

So kommt es von seiten der erziehenden Erwachsenen zu einer Erhöhung von Aufmerksamkeitsreaktionen, die wiederum eine Zunahme des unerwünschten Verhaltens bedingen.

5.6 Humor ist eines der wesentlichsten Dinge, die eine erfolgreiche Erziehung garantieren

Unsere Kinder sind von Natur aus nicht quengelig, griesgrämig oder sauer, sie sind von Natur aus ein recht humorvolles Völkchen. Wenn man es richtig betrachtet!
Das Problem ist, dass sich ihr Humor nicht unbedingt mit unserem Humor deckt. Und das, was sie lustig finden, finden wir eher sehr ärgerlich.
Doch es besteht Hoffnung.
Man kann dies als Eltern wieder lernen. Wir haben ja noch solche Restanteile in uns. Sonst gäbe es nicht so viele erfolgreiche Fernsehsendungen, wie z.B. „Pleiten Pech und Pannen". Über Missgeschicke oder Ärger anderer können wir uns auch als Erwachsene noch köstlich amüsieren.
Gelingt es uns, so von den Kindern zu lernen und unsere kindlichen Anteile wieder zum Leben zu erwecken, ist das schon die halbe Miete eines glücklichen Zusammenlebens von Eltern und Kindern. Und betrachten Sie doch das oben genannte Beispiel der Anfangsgeschichte, das Kind beweist doch wirklich Humor. Und andere Erwachsene, wie der Nachbar, der sich das Ganze

über die Hecke hinweg ansieht, wird sicherlich auch diesen Eltern ein hohes Potential an Humor nicht absprechen.
Humor und Spaß haben etwas mit Spielen zu tun. Wenn es uns gelingt, mehr mit unseren Kindern zu spielen, werden wir glückliche Kinder haben.

5.7 Erziehung ist eine Form des Spielens miteinander

Das häufige Problem dieses Spielens ist aber, dass Kinder und Eltern **unterschiedliche Spielregeln** verfolgen:
Kinder spielen gerne freie Spiele, wo immer wieder etwas Neues, Unbekanntes eingesetzt werden muss. So entwickeln sich und lernen Kinder.
Eltern neigen aber eher dazu, Spiele zu bevorzugen, die Regeln folgen.
Ein Kompromiss wäre da z.B. „Mensch ärgere dich nicht".
An dem oben beschriebenen Eingangsbeispiel lässt sich die spielerische Komponente des Kindes sehr gut nachvollziehen. Die Eltern aber erkennen nur die Regel, nicht den spielerischen Charakter des Ganzen.

Vermeiden Sie den Kampf.

Kinder wollen nicht kämpfen, Kinder wollen spielen.

Auch wenn Sie es nicht glauben, das „Eins-Zwei-Drei-Spiel" funktioniert immer noch besser, als ein entnervtes „Rumgeschimpfe". Versuchen Sie es einfach mal wieder.

„Du bringst jetzt den Fruchtzwergebecher in den Müll." „Nein, mach ich nicht!"
„Du bringst den Becher in den Müll und ich zähle bis 3."
„Eins... zwei... und die letzte Zahl heißt... Drei!"
Sie werden nicht selten ein lächelndes Kind sehen, das nach der dritten Aufforderung tut, was sie wollen.

Immerhin geht es jetzt schon zweimal so schnell, wie gewohnt. Dies ist das einfachste Spiel in der Erziehung.

Wenn Sie sich durchsetzen wollen, ist eine Grundvoraussetzung Gelassenheit.

Ein kindliches Gemüt, die Lust, die Phantasie spielen zu lassen, sich immer wieder neue Dinge auszudenken und immer wieder unerwartet zu reagieren, lustige Strategien zu entwickeln, ist ein einfacher Weg, erfolgreich zu erziehen.
Sie sind damit Ihrem Kind nicht mehr so fern, Sie sind damit ein Stück auf der Kindebene und das Kind kann viel eher Ihre Einstellung, Ihre Erfahrungen und Wünsche verstehen und akzeptieren.

Bei meinen beiden Kindern habe ich immer wieder die Erfahrung gemacht, wie wichtig es ist, Quatsch zu machen, Quatsch zu erzählen, sich verrückte Dinge auszudenken und verrückte Dinge zu spielen.

Was Kinder noch lieber haben als Eis oder Pommes zu essen, ist Lachen!

Ein Kind, das lachen kann, das häufig etwas zu lachen hat, wird ein leichter erziehbares Kind sein.

Ein sehr wichtiger Punkt erscheint mir dabei auch, in der Lage zu sein, Erfahrungen, Regeln und Einstellungen über den Weg lustiger kleiner Geschichten zu vermitteln.

Für mich und meine Kinder war das immer „Flummilinchen", eine Stubenfliege mit Sonnenbrille, Handtasche und leichten Flugproblemen, weil sie zu dick war und einen Ehemann hatte, einen dicken fetten Brummer, der lieber auf dem Misthaufen saß, als in der Familie und in der Wohnung etwas zu tun.

Wie Sie an diesem kurzen Beispiel schon erkennen können, haben die beteiligten „Personen" bestimmte Eigenschaften, die durchaus der Realität entlehnt sein können:
Der dicke Vater, der sich relativ wenig kümmert und die Mutter, die immer aktiv ist, allerdings nicht immer schnell genug.
Man kann über solche Geschichten eine Vielzahl von Problemen

auf eine versteckte und spannende Art darstellen, und Kinder werden in solchen Situationen nach Lösungen suchen und sie mit unserer Hilfe auch finden. Und sie werden diese Geschichten dann auf reale Situationen übertragen.
Wenn die Kinder eine Problemsituation in der Realität erkennen, kommt ihnen plötzlich Flummilinchen in den Sinn und was diese in einer vergleichbaren Situation gemacht hat oder hätte.
Kinder sind keine kleinen Erwachsenen mit einem hohen Potential an Einsicht. Kinder haben ihre eigene Logik, und die werden sie mit Geschichten eher verändern können, als durch:

> *„Du musst doch einsehen ..., es ist einfach so ... Mama macht das ja auch so ... usw."*

5.8 Agieren und Reagieren

Eine gesunde Erziehung ist ein Wechselspiel, ein Austausch, ein Dialog von Aktion und Reaktion.
Nun haben aber unsere Kinder die faszinierende Eigenart, uns immer wieder aus der Reserve zu locken, uns zum Reagieren zu „zwingen".
Und haben wir endlich mal eine Möglichkeit der Reaktion gefunden, so werden sie sehr schnell eine neue Möglichkeit finden, uns zu anderen Reaktionen „zu bringen".

Ein Beispiel aus der Anfangsgeschichte:

> *Nachdem es dem Vater gelungen ist, das Kind zu füttern, musste er irgendwann einen Hut tragen und die Mutter auf dem Schrank liegen.*
> *Hier agiert das Kind und gibt die Regeln vor, die Mutter und der Vater sind nur noch „Reagierende". Dieses Kind erzieht in dieser Situation seine Eltern und macht sie fröhlich zu Zirkusclowns. Wie damit umzugehen ist, werden wir später sehen.*

Wichtig für den Erziehungsprozess ist es aber, dass wir als Eltern wieder, nicht ausschließlich, doch aber überwiegend den Ton angeben, die Regeln setzen, nach denen das Kind sich zu verhalten hat.

Das bedeutet, dass das Kind von uns Regeln lernen muss und nicht wir von ihm.

Eine schöne Geschichte einer, nach diesen Grundsätzen weniger gut geratenen Erziehung habe ich kürzlich in einer Bank erlebt:

Eine Mutter und ihre dreijährige Tochter stehen vor mir in der Reihe am Bankschalter. Die Tochter hat einen Puppenwagen, den sie mit offensichtlichem Vergnügen einer älteren Dame vor ihr immer in die Kniekehlen schiebt. Nach einer Weile wird es der alten Dame zu viel und sie beschwert sich bei der Mutter. Diese ruft entrüstet: „Entschuldigen Sie, aber mein Kind darf sich frei entfalten. Mein Kind ist antiautoritär erzogen."
Ein junger Mann hinter der Mutter greift in seine Einkaufstasche, nimmt ein Glas Honig heraus, öffnet es und gießt der Mutter den ganzen Honig über den Kopf und sagt: „Ich auch!"

6. Praktische kommunikationstherapeutische Methoden für den Umgang mit starken Kindern

Hiermit will ich die Einführung abschließen und zu den praktischen Methoden übergehen, die ich im Folgenden beschreiben werde, und von denen ich jede einzelne mit Beispielen aus der Anfangsgeschichte (mit einem gelben Kreis) und aus dem täglichen Leben versehen werde.

Fassen wir noch mal Grundlagen und Ziele zusammen:

Alles ist Kommunikation, man kann nicht nicht-kommunizieren. Also sind auch die „Tricks“ unserer Kinder, uns aus der Reserve zu locken, kommunikativ. Aufmerksamkeit ist die Grundlage für neue Erfahrungen, Interaktion ist notwendig für die Kontaktaufnahme.
Ein gezieltes Hinschauen auf alle anderen Bedingungen und Beziehungen, unter denen wir mit unseren Kindern leben, ist unbedingt notwendig. Dies genaue Hinschauen kann schon dazu führen, dass wir uns anders verhalten.
Ein solches Hinschauen beinhaltet auch das Kennen und Berücksichtigen des Entwicklungsstandes des Kindes.
Wir müssen die „Sprache“ unserer Kinder lernen, um mit ihnen vergnüglich umgehen zu können. Das bedeutet auch ein Achten und Ernstnehmen ihrer Gefühle und ihrer „Sprache“.

Wir wollen nun an dieser Stelle einen Überblick über einzelne kommunikationstherapeutische Prinzipien geben. Es ist verständlich, dass dies nur in kurzer Form geschehen kann, denn ein Buch kann keine Ausbildung ersetzen.

- Spiegeln
- indirektes Spiegeln
- Abwarten, aus dem Raum gehen und Ignorieren
- Hilflosigkeit und Fehler machen
- indirekte Sprache
- Sprache ohne Sprache

- „verrücktes“ Sprechen
- lautliches Sprechen
- Auffordern zum Fehlverhalten
- Vorwegnahme des Fehlverhaltens
- Aussprache emotionaler Inhalte
- Verschreibung in Raum und Zeit
- Ablenken und Alternativen
- Lachen: wenn provoziert wird, lachen wir
- Schimpfen: wenn nicht provoziert, schimpfen wir
- selbst aggressiv sein, wenn das Kind gerade mal nicht aggressiv ist.

Die im Folgenden beschriebenen therapeutisch-pädagogischen Vorgehensweisen finden ihren Ursprung in den klassischen Methoden der **Aufmerksamkeits-Interaktions-Therapie von Dr. Hellmut Hartmann.**
Er hat die Aufmerksamkeits-Interaktions-Therapie für die Behandlung autistischer Kinder entwickelt, die ja bekannterweise eine sehr eigene Art haben, ihren Willen durchzusetzen.
Dr. Hellmut Hartmann war mein Lehrer und mein Mentor und ist somit der Pionier, auf dessen Ideen und wissenschaftlicher Grundlage sich heute nicht nur die Behandlung autistischer Kinder, sondern, wie ich es seit Jahren praktiziere und weiter entwickele, auch die Kindererziehung maßgeblich verändern wird.

Bevor wir jetzt mit den praktischen Schritten anfangen, muss folgendes klargestellt werden:
Stellen wir uns vor, **Erziehung starker Kinder ist vergleichbar dem Kochen einer Suppe.** Dazu brauchen wir jede Menge Zutaten. Die im weiteren Text beschriebenen Möglichkeiten, das Verhalten des Kindes zu beeinflussen, sind als die **Zutaten** zu verstehen. So schmeckt jede einzelne für sich auch recht gut, d.h., sie „funktioniert“ auch allein. Doch unsere Kinder sind sehr wohl in der Lage, sich auch darauf einzustellen.
Die wirklich leckere Suppe, das heißt, den wirklichen erzieherischen Erfolg bekommen wir aber, wenn wir die einzelnen Zutaten in entsprechender Form zusammenstellen. **Und dies lernen wir erst im Kapitel 7 und 8.**

6.1 Was verstehen wir unter Spiegeln?

Unter Spiegeln verstehen wir ein Nachahmen des Verhaltens, das wir verändern, erweitern oder verhindern wollen. Es ist die einfachste Stufe der Kommunikation und war uns allen zu einer bestimmten Zeit zu eigen. Es bezieht sich auf Mimik, Gestik und lautliche Äußerungen bis hin zu ganzen Handlungsabläufen:

> *Kennen Sie nicht die Situation: Sie fahren mit einem Kinderwagen durch die Straßen und plötzlich beugt sich ein Bekannter, ein Nachbar oder ein Fremder über das Baby. Wir sehen ihn plötzlich die verrücktesten Grimassen ziehen, komische Laute von sich geben oder komische Bewegungen zeigen.*

Es ist natürlich, dass Erwachsene Babys im Säuglingsalter so entgegentreten, also einfach deren Äußerungen imitieren oder vergleichbare Äußerungen vorgeben. Auf diese Weise lernt das Baby, Verhalten wahrzunehmen und zu verändern.
Sind die Kinder älter, spielen sie gern das „Papageien-Spiel". Sie äffen alle sprachlichen Äußerungen nach, sehr zur Freude der Erwachsenen.

Wie wir weiter oben gehört haben, sind bestimmte, für uns häufiger auch unerfreuliche Verhaltensweisen kommunikativ. Sie dienen der Aufmerksamkeitsgewinnung, dem Wunsch nach Zuwendung, des Spielens mit den Eltern im Sinne einer Provokation ... nur um einige Möglichkeiten zu nennen.
Das Prinzip des Spiegelns bedeutet also, wie beim Spiel von kleinen Kindern, wir machen einfach alles nach, was uns geboten wird.

Mit diesem Mittel soll erreicht werden:

1. – die Aufmerksamkeit des Kindes auf unser Verhalten und somit auch
   – auf sein eigenes Verhalten zu lenken.
2. Weiterhin haben wir durch das Spiegeln von Verhaltensweisen die Möglichkeit, sozusagen im Sinne von Selbsterfahrung, vielleicht etwas über den Wert und die Gefühle des für uns erst einmal als ärgerlich empfundenen Verhaltens zu erfahren.

3. Wir werden das Kind verblüffen durch unsere ungewohnte Reaktion, die zu einem Unterbrechen des Verhaltens führen kann.

Denken sie an die Einführungsgeschichte: Das Kind wollte nicht von der Mutter gefüttert werden. Es spuckte alles wieder aus und begann zu schreien.
Stellen Sie sich jetzt die Mutter vor, die dem Kind den Löffel gibt, es sich daraufhin wie beschrieben verhält,
nun aber...
die Mutter sich selbst den Löffel in den Mund steckt, alles ausspuckt und zu schreien beginnt. Was glauben Sie, wie wird dieses Kind ***reagieren****?*

Sie merken schon, allein damit haben wir das Kind zur Reaktion „überredet"!
Ein weiteres Beispiel:
Jürgen möchte, dass Mama mit dem Bügeln aufhört und mit ihm spielt. Die Mutter sagt aber „Nein". Er fängt an zu jammern. Mutter jammert mit und Jürgen wird nach anfänglicher Irritation wütend und tritt gegen die Küchentür und schreit. Mutter schreit auch und tritt ebenfalls gegen die Küchentür.
Wie glauben Sie, wird dieses Kind ***reagieren****?*

Sie merken, dass wir durch diese Form des Spiegelns **agieren** und das Kind **reagieren** muss.
Nun wird unser starkes Kind natürlich sehr schnell das Prinzip verstehen und versuchen, sich neue Dinge auszudenken.
Zum anderen aber, über die Verblüffung unseres Kindes ermuntert, werden wir vielleicht an diesem Spiel auch Gefallen finden und merken, dass wir nicht immer nur Reaktionspartner sein müssen, sondern auch Aktionspartner unseres Kindes sein können.
Machen wir es richtig, so beginnen wir auch zu spielen und wenn wir Glück haben, haben wir auch noch Spaß daran:
Allerdings anfangs sehr zum Unwillen unserer Kinder, die es natürlich „unverschämt" finden, sie mit ihren eigenen Mitteln „zu schlagen".

Die Kinder werden nun vielleicht zur „Höchstform" auflaufen und Verhalten variieren!
Doch das können wir auch:

6.2 Welche Variationsmöglichkeiten ergeben sich daraus?

Nach Erreichen der Aufmerksamkeit und der Verblüffung folgt als nächster Schritt die Variation des zu verändernden Verhaltens. Hierzu nutzen wir unterschiedliche Schritte und Vorgehensweisen. Im Bereich von Verhaltensweisen, die mehr mit Bewegungen und weniger mit Sprache zu tun haben, können wir dann entsprechende Variationsmöglichkeiten einsetzen, zum Beispiel:

Unterbrechen

Das heißt, wir folgen über den Weg des Spiegelns bestimmten Verhaltensweisen nur andeutungsweise, mit dem Ziel, dass der kindliche Dialogpartner in seinem „Rhythmus" gestört wird und dadurch sein eigenes Verhalten unterbricht. Auf diese Art ermöglichen wir dem Kind, sein Verhalten vermehrt selbst zu kontrollieren und sich „gezwungenermaßen" andere Verhaltensweisen zu überlegen.

Wieder ein Beispiel aus der ersten Geschichte:

Denken Sie an die Einführungsgeschichte: Das Kind wollte nicht von der Mutter gefüttert werden. Es spuckte alles wieder aus und begann zu schreien.
Hier wird die Mutter das Verhalten spiegeln, um dann plötzlich aufzuhören.
Nach einer kurzen Weile wird sie wieder anfangen zu schreien usw.

Das zweite Beispiel:

Jürgen möchte, dass Mama mit dem Bügeln aufhört und mit ihm spielt. Die Mutter sagt aber „Nein". Er fängt an zu Jammern. Mutter jammert mit und Jürgen wird nach anfänglicher Irritation wütend und tritt gegen die Küchentür und schreit. Mutter schreit auch und tritt ebenfalls gegen die Küchentür. Aber:
Hört plötzlich auf, ihr Fuß baumelt hin und her, ein fragendes „Hhm", um dann wieder zu schreien, und gegen die Tür zu treten.

Verlangsamen oder schneller werden

Bleiben wir beim obigen Beispiel:

> *Wir folgen dem Bewegungsrhythmus (z.B. des Türtretens) und verlangsamen dies oder werden auch schneller, unabhängig vom Verhalten unseres Kindes. Dabei werden wir auch das Schreien plötzlich ganz langsam oder dann ganz schnell werden lassen.*

Ein Beispiel aus der Anfangsgeschichte:

> *Das Kind wird vom Vater gefüttert. Mutter begibt sich ebenfalls hinter das Gitter, hockt sich hin und wird auch gefüttert. Der Vater füttert das Kind, bei der Mutter verhält er sich aber mal extrem zeitlupenartig langsam, manchmal füttert er ganz schnell, so dass einiges von dem Brei am Mund vorbeigeht und Mutter dabei lacht. Das gleiche versucht er auch mit dem Kind.*

Hier steht dann nicht mehr das Essen, sondern der spielerische Umgang mit dem Essen im Vordergrund. Die zwanghafte Situation wird aufgelockert.

Ein weiteres Beispiel:

> *Nadine wird immer unruhiger wenn sie wütend ist und läuft schreiend hin und her. Wir laufen mit und werden aber plötzlich langsamer und im Schreien in der Stimme tiefer um dann plötzlich wieder schneller und schriller zu werden.*

Krach machen unsere Kinder sowieso, warum nicht wir auch einmal?

Wir spiegeln nicht mehr Bewegungen, Schreien oder Jammern direkt, sondern nehmen uns einen Topf, ein Spielzeug oder einen anderen greifbaren Gegenstand, der ähnliche Geräusche machen kann oder mit dem wir durch Klopfen damit oder darauf das „Rumtoben“ oder „Ausrasten“ „musikalisch“ begleiten.
Damit geben wir dem Verhalten eine andere Qualität (von Musik, Spiel o.ä.) und unseren Kindern wird es nicht mehr soviel Spaß machen, die „alte Art zu fahren,“ sondern sie müssen sich wieder etwas neues ausdenken oder vielleicht mitmachen.

Sie müssen „leider“ wieder reagieren.
Wir müssen uns nicht unbedingt allein ihr „Rumjammern oder -schreien“ anhören, sondern fordern sie heraus, auch unsere kreative Lautproduktion mit anzuhören.
Wiederum ein Beispiel aus der Anfangsgeschichte:

> *Das Kind schreit, wirft sich auf den Boden und strampelt wütend. Vater macht daraus aber eine „Jazz-Session“. Er setzt sich dazu, intoniert einen lauten und leisen Gesang, wobei er eine Trommel im Rhythmus des Strampelns und Mutter einen Topfdeckel im Rhythmus des Schreiens betätigt.*
> *Das Kind wird seine Eltern für „verrückt“ halten, aber erst mal aufhören, um die neue Situation „abzuchecken“.*

Einsetzen von Sprache

Eine andere Qualität des eben geschilderten ist das Einsetzen von sprachlichen Äußerungen. Wir nutzen Instrument, Laute und Sprache in der Art, dass wir im gleichen Rhythmus der Bewegungsabläufe diese sprachlich begleiten.

Auch hier zuerst wieder ein Beispiel aus der Anfangsgeschichte:

> *Die Essenszeit ist noch nicht da. Vater „wieselt“ ähnlich dem Kind hinter dem Schutzgitter hin und her. Er ruft immer wieder „Ham...Ham...“ und rappelt an dem Gitter. Mutter kommt und füttert den Vater.*

> *Josuf trampelt wütend auf den Boden. Die Mutter nimmt ihre Gitarre und spielt im Rhythmus seines Trampelns ein Lied und singt dabei „Eins, zwei drei, eins zwei drei!“.*

Ein großer Vorteil dieser Vorgehensweise ist, dass ein Spiegeln dieser Art auch auf größere Distanz möglich ist, d.h., Sie müssen nicht unbedingt im gleichen Raum sein, da das Kind Sie nicht sehen muss, aber hören kann.
Es wird Sie dann möglicherweise suchen, um Ihnen zu verdeutlichen, dass es wirklich wütend ist. Auch hier muss das Kind **reagieren**.

Alternativbewegungen

Dies bedeutet, dass wir vor allem bei Kindern, die sehr stark in ihrer Körpersprache sind, d.h., dass sie sehr viele Gesten einsetzen, diese Gesten erst einmal spiegeln und uns dann andere Gesten einfallen lassen. Wir führen sozusagen einen „Körpersprache-Dialog“.

Ein Beispiel aus der Anfangsgeschichte:

> *Das Kind zeigt immer wieder auf den Kopf des Vaters, weil ja der Hut fehlt. Mutter steht neben Vater vor dem Gitter und zeigt mit fragender Mimik auch auf den Kopf des Vaters. (Hier könnte sie zusätzlich ein fragendes „Ohhh“ begleitend hinzufügen – sprachliches Spiegeln). Dann zeigt sie etwas irritiert auf den Boden, dann auf den Bauch des Vaters, dann stupst sie die Nase des Vaters an, zeigt wieder auf den Kopf. Das Kind schaut sich verwundert diesen „Dialog“ an.*

Wenn wir Glück haben, folgt das Kind diesem Spiel.

Ein weiteres Beispiel:

> *Wenn Marc sauer ist, wirft er selbst seinen heißgeliebten Teddy gegen die Wand. Vater nimmt den Teddy und wirft ihn auch gegen die Wand (– Spiegeln –), hebt den Teddy wieder auf, und sagt „Das tut dir aber weh!“ und wirft den Teddy in die Luft, fängt ihn wieder auf, tut dies erneut und sagt: „Siehst du, das macht doch viel mehr Spaß!“*

Mit dieser Aktion nimmt der Vater das wütende Element aus der Situation heraus und bietet gleichzeitig ein anderes Vorgehen an.

Übertreibung mit entsprechender lautlicher Begleitung

Wir folgen wieder bestimmten Äußerungen unserer Kinder, die wir aber unterbrechen oder in eine lustigere Art umwandeln wollen, um den „Kampf“ zu unterbrechen. Dabei übertreiben wir allerdings und begleiten dies sprachlich.

*Miriam will „kokolade“. Mutter: „Ich will Schokolade, ich will Schokolade“ wird dann immer lauter: **„Ich will aber Schokolade, ich will aber Schokolade** und sagt direkt hinterher im Singsang ganz leise: „Kriegst du aber nicht, kriegst du aber nicht.“ Ist Miriam noch nicht von diesem Spiel überzeugt, übertreibt die Mutter noch mehr:**„Ich will, ich will Schokolade!“***
Und nochmals singend: „Krieg' ich aber nicht, krieg' ich aber nicht.“

Über die einzelnen Methoden des Spiegelns gelingt es uns zum einen häufig, die „dominanten Spiele“ unserer Kinder zu stören bzw. zu unterbrechen, sie darauf aufmerksam zu machen, dass wir ihre Regeln erkannt haben und „mitspielen“.
Das bedeutet, dass wir eindeutig klarmachen, **dass auch wir agieren können**.
Nach einer anfänglichen Verblüffung werden unsere Kinder allerdings sehr schnell Variationsmöglichkeiten entwickeln, die uns wiederum in die Reaktionsrolle hinein drängen sollen.
Strategie ist eben alles!
Um dann nicht hilflos dazustehen, werden die im Folgenden beschriebenen Methoden angewandt:

6.3 Was bedeutet Indirektes Spiegeln?

Die Vorgehensweise des indirekten Spiegelns bedeutet, verglichen mit dem direkten oder synchronen Spiegeln, dass wir unabhängig vom aktuellen Verhalten unseres so sehr geliebten „starken Dialogpartners“ seine uns so oft ärgernden Verhaltensweisen übernehmen. Nur setzen wir diese Verhaltensweisen nicht als Reaktion, sondern als Aktion ein.
Wir spiegeln sozusagen ganze Handlungsabläufe, die uns im täglichen „Kampf ums Überleben“ ach so bekannt sind.

Nur tun wir dies **nicht in Situationen**, in denen unser Kind es darauf angelegt hat, unseren Adrenalinspiegel zu erhöhen, d.h., mal zu gucken, **wie schnell Mutter auf 180 ist**, sondern in Situationen, in denen das Kind überhaupt nicht damit rechnet.

Wenn Peter seinen Vater am Wochenende besucht, wird er nach einer viertelstündigen Orientierung in der Wohnung, vielleicht um zu schauen, ob sich möglicherweise etwas verändert hat, erst mal den

Stuhl solange wippen, bis er laut auf den Boden kracht. Reagiert Vater nicht wie gewünscht, regt sich also noch nicht auf, könnte man ja mal an der Tischdecke ziehen, denn da steht ja eine Vase auf dem Tisch. Dann könnte man ja mal an den Bildern, die erreichbar sind, ziehen, bis sie herunterfallen und dann den Tisch über den Parkettboden schieben, bis er umfällt.
Spätestens dann wird Peters Vater entnervt und wütend werden.
Ein Wochenende später kommt Peter wieder zu seinem Vater. Als er das Wohnzimmer betritt, sieht er seinen Vater einen Stuhl wippen, der dann mit lautem Getöse auf den Parkettboden schlägt. Der Vater übernimmt die gewohnte Rolle von Peter.
Das gibt Peter „aber schwer zu denken". Sein üblicher Platz ist besetzt. Was soll er denn nun tun? Möglicherweise wird er sehr wütend, weil sein Vater so „verrückte" Dinge tut. Vielleicht wird er sich erstmalig Spielzeug suchen und sinnvoll spielen.

Hier setzen wir also – unabhängig vom Verhalten – die Kommunikationsmittel des Kindes ein, um es auf diese Art zu motivieren, alternative Kommunikationsmöglichkeiten zu entwickeln, zu finden und zu probieren.
Wir werden das Beispiel von Peter noch später, bei anderen Methoden weiterführen.

Ein Beispiel aus der Anfangsgeschichte:

Das Kind spielt friedlich in seiner Ecke. Eine Fütterung ist noch lange nicht in Sicht.
Mutter ist auch hinter dem Gatter. Plötzlich geht sie zu dem Gatter, rüttelt daran und schreit. Der Vater erscheint mit dem Teller Brei. Die Mutter zeigt immer wieder auf Vaters Kopf und schreit. Der Vater setzt der Mutter seinen Hut auf den Kopf und füttert sie.
Das Kind sieht irritiert seiner von ihm erfundenen Methode zu.

Wie in diesem Beispiel gerade demonstriert, können wir aus der Situation des indirekten Spiegelns auch die Möglichkeit nutzen, alternative Lösungsansätze sozusagen spielerisch dem Kinde zu vermitteln.
Die Eltern bieten eine gelungene „Lösungsschau".

Das Kind wird daran möglicherweise Spaß haben und die Schau übernehmen oder es ist gezwungen, sich andere Lösungsmöglichkeiten zu überlegen.
Auf jeden Fall muss es reagieren.

6.4 Was heißt Abwarten oder sich aus der Situation herausziehen?

Wir sehen nun deutlich, dass alles, was unsere Kinder tun, ein kommunikatives Mittel ist. Ziel ist es, uns als Empfänger zu erreichen und zu bestimmten Handlungen zu animieren.
Die hier beschriebene Methode zeigt, dass es möglicherweise durchaus sinnvoll sein kann, sich den an uns gestellten Erwartungen auch mal zu entziehen.

Das ist im Grunde nichts Neues. Alle Eltern haben irgendwann mal die Entscheidung getroffen, das Verhalten ihrer Kinder zu ignorieren. Sie haben es gezielt oder aus einem Erschöpfungszustand so entschieden.
Haben die Kinder ihre Betroffenheit nach einer solchen Aktion überwunden, werden sie sich in der Regel neue Möglichkeiten ausdenken, die uns aus dieser ignorierenden Haltung herauszwingen. Sie werden Dinge tun, von denen sie wissen, dass wir sie nicht mehr ignorieren können.

Ich möchte hier ganz eindeutig betonen, dass Kinder weder bösartig denken noch handeln.
Sie handeln aus dem Reiz heraus, sich mit den Erwachsenen zu messen und auf ihre Verhaltensweisen hin auch neue Erfahrungen zu machen. Ich habe bis zum heutigen Tag noch kein bösartiges Kind kennengelernt.
Kinder müssen erst Regeln und Normen lernen, um sie dann zu ihrem eigenen Menschenbild zu formen.

Unabhängig, ob das Ignorieren oder Abwarten im gewünschten Sinne funktioniert, so wird es doch das Kind beeindrucken und das Kindverhalten beeinflussen.
So ist es logisch, dass das von uns unerwünschte Verhalten entweder abnimmt oder sich steigert.
Bei sehr starken Kindern wird sich das Verhalten nach einer anfänglichen Phase der Irritation sicherlich wieder steigern, um den alten Zustand, der ja so viel Spaß gemacht hat, wieder herzustellen.

Wir sollen also dann „gezwungen“ werden, die alten Dialoge oder „Spielchen“ wieder fortzusetzen.

Das bedeutet auch, dass diese Kinder, wie bereits erwähnt, ein Bedürfnis nach Sicherheit und Gleichmaß haben.
Allerdings nicht in der von uns gewünschten Form.
Entziehen wir uns aber kontinuierlich dieser Forderung, so wird nach einem gewissen Zeitraum das Verhalten reduziert und nach anderen Wegen gesucht, die vielleicht konstruktiver sind.
Eine andere Form eines solchen „ignorierenden Vorgehens“ ist das Abwarten:
Das ruhige Dabeistehen und Zusehen ist eine Form des Entzuges wütenden Reagierens. Wir verhalten uns nicht mehr erwartungsgemäß.
Die eben beschriebene Methode hat vor allem ihre Wirksamkeit im Zusammenhang mit dem Prinzip der Unberechenbarkeit.

Ein Beispiel aus der Anfangsgeschichte:

Wie beschrieben, haben die Eltern ja das Prinzip des Ignorierens und Abwartens bereits ausprobiert. Sie haben es auch lange genug durchgehalten. Sie haben es aber an der falschen Stelle probiert:

Das Kind zeigt auf den Kopf, Vater setzt sich den Hut auf und füttert das Kind.

Das Prinzip des Abwartens könnte hier bedeuten, dass Vater das erwartete Füttern nicht mehr weiter fortführt, trotz Hut und Hunger. Nach einer Weile, das Kind wird immer unruhiger, setzt er seinen Hut ab und beginnt das Kind zu füttern.

Ein anderes Beispiel:

Will isst unheimlich gerne Eis. Ständig fordert er von seiner Mutter ein neues Eis ein. Auch jetzt. Mutter geht aber, bevor er den Satz ausgesprochen hat, ohne Kommentar in den Keller, schaut nach der Wäsche. Will läuft hinterher und versucht sein Bedürfnis erneut zu formulieren. Mutter sagt laut: „Die Wäsche ist noch nicht fertig, ich glaube ich muss mal nach den Blumen schauen.“ und läuft wieder nach oben.

Will läuft hinterher. Erneut versucht er verzweifelt, seinen Wunsch loszuwerden. Mutter erklärt, sie sei müde und müsse sich mal kurz hinlegen.
Sie fordert ihn auf, ein wenig mit ihr zu schmusen. Will hat seinen Wunsch „vorübergehend" vergessen.

Wechselnde Koalitionen

Eine andere Form des Abwartens und Ignorierens sind die wechselnden Koalitionen. Hierbei müssen allerdings beide Eltern anwesend sein.

Bleiben wir bei dem Beispiel von Will:

Will isst unheimlich gerne Eis. Ständig fordert er von seiner Mutter ein neues Eis ein. Auch jetzt: „Mama, ich möchte ein Eis". Mutter wendet sich zum Vater und sagt: „Hast du heute schon den Rasen geschnitten?" Vater erwidert: „Du, ich glaube der Will möchte ein Eis haben." Mutter sagt daraufhin: „Ich glaube nicht, dass man den Rasen mit Eis schneiden kann." Will ist verblüfft.
Nach einer Pause sagt die Mutter zum Vater: „Ich glaube, der Will möchte ein Eis." Der Vater antwortet: „Ich glaube, ich muss mal den Rasen schneiden, Will, hilfst du mir dabei?"

6.5 Welche Bedeutung hat die Variation von Nähe und Distanz?

Sehen wir Distanz und Nähe aus kommunikationstherapeutischer Sicht, werden wir gleich an eigene Erfahrungen denken. Jeder von uns hat seine „optimale individuelle" Kommunikationsdistanz.
Wir kennen das unangenehme Gefühl, wenn man es mit einem Dialogpartner zu tun hat, der während eines Gesprächs zu nah an uns herantritt (vor allem dann, wenn er Knoblauch gegessen hat). Wir werden automatisch zurückweichen oder auf andere Art versuchen, uns dieser Nähe, die durchaus bedrohlich wirkt, zu entziehen.
Deswegen ist es wichtig, auch bei unseren Kindern genau hinzuschauen, bei welcher Distanz oder Nähe sie am ehesten reagieren.

Innerhalb der Variation von Nähe und Distanz gilt es herauszufinden, wann unser Gegenüber am aufmerksamsten ist, wenn wir versuchen, mit ihm in Dialog zu treten, sei dies nun lautlich oder gestisch.
Wir werden das am besten dann herausfinden, wenn wir die Distanz variieren. Wir werden an seinen mimischen, gestischen oder sprachlichen Äußerungen feststellen, ob wir zu nah oder zu weit weg sind.
Wenn Aufmerksamkeitsreaktionen erfolgen, z.B. Blickkontakt, können wir davon ausgehen, dass wir momentan die richtige Distanz gefunden haben. Diese kann natürlich von Tag zu Tag, von Handlung zu Handlung, variieren.
So kann die Distanz bei einem gestischen Dialog eher näher sein als bei einem sprachlichen.
Darüber hinaus sollten wir allerdings auch unsere eigenen Kommunikationsentfernungen nicht vernachlässigen.
Wenn wir ärgerlich sind, werden wir uns wahrscheinlich eher zurückziehen. Andererseits kann es aber wiederum auch recht hilfreich sein, ganz nah an das Kind heranzugehen, um unseren Ärger dadurch zu verdeutlichen.

Unsere Kinder haben manchmal das Problem, sehr nahen Körperkontakt nicht lange aushalten zu können. Sie haben sicherlich den Wunsch zu schmusen, aber wenn wir diesem Wunsch Folge leisten, entziehen sie sich wieder schnell. Das liegt möglicherweise an ihrer Ambivalenz, das heißt, sie wissen nicht, ob sie das Schmusen genießen dürfen oder wir damit vielleicht erreichen wollen, ihnen ihre „Macht“ wegzunehmen.
Wenn wir das Schmusen spielerisch angehen, das bedeutet z.B., über ein gemeinsames Toben immer mehr Körperkontakt herzustellen, werden wir und die Kinder immer mehr Spaß daran finden, auch einmal länger zu verharren und die Nähe zu genießen.

Ein Beispiel aus der Anfangsgeschichte:

> *Das Kind scheint ja immer sehr viel Wert auf Distanz zu legen, es lässt sich nur hinter dem Gitter füttern, oder später von außen durch das Fenster.*

Würde jetzt zum Beispiel die Mutter immer vor der Essensituation das Kind auf den Arm nehmen und dabei aber den Vater füttern (indirektes Spiegeln) und der Vater würde immer mehr darauf drängen, auch auf den Arm genommen zu werden, könnte es passieren, dass das Kind in dieser Situation die Nähe zur Mutter genießen kann (weil der Vater es ja aus seiner Position verdrängen will) und möglicherweise von der Mutter das Essen einfordert.

Immer, wenn Nadine von ihrer Mutter einen Auftrag erhält, läuft sie weg und grinst sie frech an. In einer neuen Situation nimmt die Mutter Nadine auf den Schoß und gibt ihr dann den Auftrag. Nadine wird sich winden und drehen, um vom Schoß zu kommen. Mutter sagt dann „Nein, ich glaube, ich will jetzt erstmal etwas schmusen, du kannst dann ja später dies oder jenes tun".

6.6 Unser Leben ist Tag für Tag von bestimmten Ritualen oder Reihenfolgen geprägt. Warum verändern wir diese nicht einmal ein bisschen?

Wenn wir einmal genau hinschauen, werden wir feststellen, dass viele Dinge des alltäglichen Lebens oder Ärgerns sich wiederholen und bestimmten Regeln im Sinne von Ritualen folgen.

Vater kommt abends von der Arbeit, zieht seine Filzpantoffeln an, legt die Aktentasche auf den Küchentisch, geht zum Kühlschrank, nimmt eine Flasche Bier heraus, öffnet sie, während er Mutter einen flüchtigen Kuss auf die Wange drückt.
Der Fernseher wird eingeschaltet und das gesamte Ritual mit der Frage abgeschlossen „Was gibt's zu essen?".
Auch unsere Kinder sind nicht immer kreativ.
Erfolgreiche Bemühungen, uns als Eltern an bestimmte Punkte zu bringen, werden in der Regel beibehalten und wiederholen sich.

Nehmen wir zum Beispiel die abendliche „Jetzt aber ins Bett-Situation". Welches Kind geht schon freiwillig abends in Bett. Dieser alltägliche „Kampf" ist in der Regel ein solches Ritual. Es müssen bestimmte

Handlungen durchgeführt werden wie Zähne putzen, Ausziehen, Schlafanzug anziehen, Geschichte erzählen, Licht im Flur anlassen, die Kinderzimmertür muss exakt im Winkel von 45° geöffnet sein und ein Gute-Nacht-Kuss.

Weil wir gute Eltern sind, halten wir uns genau an dieses Ritual. Doch leider gehört meist zu diesem Ritual auch noch ein: „Hast du dir schon die Zähne geputzt?“ „Nein gleich“ oder „Ich will noch nicht ins Bett, noch 5 Minuten Mama, nur noch 5 Minuten.“
Haben wir erst einmal das Prinzip solcher Rituale erkannt, so können wir sie auch ohne große Probleme verändern, vor allem in eine Richtung, die uns wünschenswerter erscheint.

Das geht entweder über den Weg
- neue Elemente in eine ritualistische Reihenfolge einzufügen
- oder aus einer solchen Reihenfolge bestimmte Elemente zu verändern.

Der Sinn solcher Veränderungen ist es, Stresssituationen zu entschärfen und über einen mehr spielerischen Umgang ein angenehmeres Ritual zu schaffen.

Ich möchte dieses Prinzip an dem eben beschriebenen Beispiel einmal verdeutlichen:
Der Ablauf des Rituals ist: Jetzt geht es ins Bett, ins Kinderzimmer gehen, Ausziehen, Schlafanzug anziehen, Zähne putzen, Gutenachtgeschichte, Gutenachtkuss, noch 5 Minuten Mama, Licht anlassen, Tür auf.

Ich werde nun ein Beispiel beschreiben, wo durch das Hinzufügen neuer Elemente der „Kampf“ um das Zubettgehen mit einfachen Mitteln gelockert werden kann. Sie müssen eigentlich nur das, was sowieso passiert mit einigen Ideen interessanter machen:

Es ist Schlafenszeit. Die Kinder bekommen heute die Aufgabe, die Treppenstufen zu zählen, dann dürfen sie noch mal die Treppe hinuntergehen und wir messen die Zeit, wer dann am schnellsten oben ist. Dann wird die Zeit gemessen, wer sich am schnellsten aus- und anzieht. Das Zähneputzen muss genau drei Minuten lang dauern (Sie haben gar keine Vorstellung, wie lang dabei drei Minuten sind).

Auch diese Zeit wird gemessen. Die Gutenachtgeschichte dauert genau 1 Minute, wobei dies die Kinder messen dürfen (z.B. Eieruhr). So bekommt die allabendliche Prozedur einen ganz neuen „Anstrich" und ihre Kinder werden sich freuen und dann anstandslos ins Bett gehen.

Eine andere Variante ist die Veränderung von Elementen.
Auch das kann sehr spaßig sein und wird die ritualistisch-schwierige Zubettgeh-Situation vereinfachen:

Es ist Zubettgeh-Zeit.
Heute aber gibt es den Gutenachtkuss zuerst. Das werden die Kinder sehr lustig finden. Dann stellen wir die Frage „Was sollen wir heute dann als nächstes machen?" Die Kinder entscheiden sich für das Zähne putzen. Dann müssen sich die Kinder ins Bett legen:
Ja, mit den Spielkleidern, die sie den ganzen Tag getragen haben!
Sie fragen dann laut: „Irgend etwas habe ich vergessen, etwas stimmt nicht!" (Prinzip der indirekten Sprache). Die Kinder werden Ihnen lachend erklären, dass sie sich erst ausziehen müssen.

Sie werden sehen, wenn Sie diese üblicherweise schwierigen Situationen mit etwas Veränderung und Spiel versehen, wird ihr Kind viel eher bereit sein, ihm unbequeme Erwartungen gerne zu erfüllen.

6.7 Ein Weg, Kinder neugierig zu machen und etwas zu lernen, was sie vielleicht erst einmal ablehnen würden – Das Prinzip des unabhängigen Handelns

Diese Methode nannten wir damals das Prinzip des unabhängigen Handelns.
Heute ist es eine Methode, um Kinder zu animieren, Dinge zu tun, die sie eigentlich von vornherein verweigern würden.
Starke Kinder haben nicht selten die Grundeinstellung erst mal alles abzulehnen. „Spiel doch mal was, baue doch mal einen Legoturm".
Dieses Kind wird alles mögliche tun, nur keinen Legoturm bauen.

Wenn wir möchten, dass unsere Kinder bestimmte Fertigkeiten oder Fähigkeiten lernen, so ist das Prinzip des unabhängigen Handelns angesagt.

Ich will dieses Prinzip mit einer Möglichkeit aus der Anfangsgeschichte verdeutlichen.

Das Kind will nicht essen. Stellen Sie sich jetzt die folgende Geschichte vor:

Der Vater (oder die Mutter) sitzen vor einem Teller Brei. Sie bauen sich einen kleinen Herd aus Legosteinen. Sie haben eine kleine Pfanne, in der sie den Brei braten oder kochen. Sie sind ganz in Gedanken, erzählen laut über den Akt der Zubereitung, lachen und nachdem der Brei fertig ist, probieren sie ihn und finden dies ganz toll. Die Eltern äußern ihre Freude mit einem „Hhm, ist das lecker oder nein, da muss noch etwas Salz dazu..." oder ähnliches.
Das Kind wird allmählich interessiert den Eltern zuschauen. Es wird vielleicht dazukommen, um mitzuspielen. Der Vater aber hindert das Kind daran, weil es sein oder das Spiel zwischen Mutter und Vater ist. Er probiert den Brei erneut und findet ihn ganz toll. Das Kind wird immer interessierter am Handeln seiner Eltern.
Diese aber schieben es wiederum zurück und vergnügen sich mit der gegenseitigen Fütterung.
Plötzlich wird das Kind dann vehement seinen eigenen Hunger zum Ausdruck bringen.

Ein anderes Beispiel:

Rüdiger will einfach nicht auf das Klo gehen. Im Grunde ist er bereits sauber und trocken, aber immer, wenn die Eltern es wollen, geht er nicht und macht in die Hose.
Bei meiner Tochter Nora hatte ich das gleiche Problem. Ich hatte mir dann ein Sortiment kleiner Fähnchen gekauft, die man für Party-Häppchen benutzt.
Wenn ich auf's Klo musste, habe ich das „lauthals" verkündet und nach einem gewissen „Rumgezappel" bin ich dann auch auf das Klo gegangen. Nora schaute mir dabei höchst interessiert zu. Nachdem ich meinen „Haufen" fertig hatte, setzte ich dann eine der kleinen Fahnen darauf und freute mich unheimlich.

Seit dem Zeitpunkt ging Nora allein auf die Toilette, aber nur mit Fähnchen.

6.8 Wir können alles besser, warum sollten Kinder also von uns lernen? – Das Prinzip des Fehlermachens und der Hilflosigkeit

Eine weitere Variante des vom Verhalten des Kindes unabhängig interessanten Handelns ist, **Fehlermachen** und Hilflosigkeit zu signalisieren.
Wir handeln wie bereits oben beschrieben wiederum unabhängig vom Kindverhalten in einer Art, von der wir durch vorheriges Beobachten annehmen, dass sie für das Kind interessant sein könnte.
Dabei gelingen uns die Dinge aber teilweise nicht. Wir machen Fehler, äußern dies lautlich oder sprachlich und zeigen unseren Ärger, dass die Dinge nicht so funktionieren, wie wir uns das vorstellen.
Wir drücken unseren Ärger auf wütende Art aus, und signalisieren damit, dass auch uns nicht immer Dinge gelingen, dass wir nicht perfekt sind und uns so auf eine indirekte Art auf die gleiche Stufe (handlungsmäßig) stellen wie das Kind selbst.
Eine Variante davon ist, **Hilflosigkeit** zu zeigen:

Wir bemühen uns, irgendein Problem zu lösen, möglichst ein Problem, das direkt mit der Lebenssituation des Kindes in Beziehung steht und kriegen es einfach nicht geregelt.
Wir signalisieren wiederum lautlich oder auch gestisch unsere „Verzweiflung“ und versuchen es erneut. Es gelingt wieder nicht. Über diesen Weg zeigen wir auf, dass wir auch nicht perfekt sind, zum anderen können wir dabei stark motivieren, uns zu helfen.

Bei beiden Varianten sollten wir allerdings nur Handlungsmuster nutzen, von denen wir wissen, dass das Kind sie beherrschen kann.

Ein Beispiel aus der Anfangsgeschichte:

Das Kind verweigert die Essensaufnahme.
Sie wollen das Kind dazu bringen, selbständig zu essen. Sie stellen sich den Brei vor die Beine und versuchen mit einem kleinen Löffel,

sich diesen in den Mund zu schieben. Dies gelingt Ihnen aber auf Anhieb nicht. Sie klatschen sich den Brei auf die Stirn oder auf die Wange und ärgern sich schrecklich darüber. Das Kind wird anfangen zu grinsen und dann zu lachen und wird Ihnen möglicherweise zeigen, wie es richtig geht.

Ein weiteres Beispiel:

Vater möchte, dass Julian ein Legohaus baut. Vater weiß, dass Julian das auch kann. Er (der Vater) baut nun für sich ein solches Haus, aber immer wieder passen die Steine nicht aufeinander. Vater wird immer wütender und auch unglücklicher. Er sagt: „Mist warum geht das nicht, ich kriege das einfach nicht hin, blödes Legohaus!"
Julian sieht sich die schwierige Aktion seines Vaters eine Zeit lang an und hilft ihm dann, sein Ziel zu erreichen. Julian baut das Haus alleine und blickt seinen Vater triumphierend an.

Wenn wir Kindern etwas beibringen wollen, sind wir meist perfekt und auch noch überheblich und ungeduldig. Wenn Kinder dies erkennen, haben sie einfach keine Lust mehr, von uns zu lernen. Weil:

„Die Erwachsenen können sowieso alles besser! Warum sollte ich mir die Mühe machen?"

Wenn wir unseren Kindern ab und zu die Möglichkeit geben, besser zu sein als wir, machen wir sie glücklich. Dabei ist auch wichtig, dass die Kinder lernen, dass Erwachsene auch Fehler machen können und vor allem auch dürfen.

6.9 Ein indirektes Ansprechen hat manchmal mehr Erfolg als eine Aufforderung

Wie oft haben wir uns schon den Mund „fusselig" geredet, um unsere Kinder dazu zu bringen, uns mal einen Gefallen zu tun. Und immer wieder tun sie dies gerade nicht.
Das Prinzip des indirekten Sprechens bedeutet nichts anderes, als dass das Kind nicht direkt angesprochen wird:
(Tu´ mal ..., mach´ mal ..., hol ´mal ...etc.), sondern wir für uns, in

Form eines Selbstgespräches über das Problem sprechen oder mit dem Material direkt kommunizieren, um somit den Aufforderungscharakter herauszunehmen und damit dem Kind die Chance lassen, mit uns gemeinsam aktiv zu werden.

Wir sagen also nicht:
„Hol´ mir den Ball" oder „Kannst du mir den Ball holen", sondern stellen fest:
„Der Ball ist weg", „Ich kann ihn nicht finden", „Wo soll ich denn mal suchen", „Ist er vielleicht hier?".

Über diesen „Trick" gelingt es uns, unsere Kinder zu allen möglichen Aufforderungen zu animieren.

> *Meine Tochter Nora folgte meinen Anordnungen im Alter von 2 Jahren nur äußerst ungern. Wenn ich mal gekleckert habe und sie bat, ein Tuch zu holen, erwiderte sie ein klares und definitives „Nein". Wenn ich aber jammerte: „Oh, ich glaube ich brauche ein Tuch, ich finde das Tuch nur nicht, wo könnte das Tuch bloß sein?" schoß sie in die Küche und holte mir das Geschirrtuch.*

> *Allerdings, als Nora im Alter von 4 Jahren war und ich etwas von ihr wollte, z.B. ein Glas Saft, rief sie „Ich weiß nicht wo der Saft ist, warum kann mir keiner sagen, wo der Saft ist?".*

Das Prinzip der indirekten Sprache gibt unseren Kindern auf spielerische Art die Möglichkeit und das Gefühl, selbst entscheiden zu können, ohne das Gefühl, die Eltern wollen ständig etwas von mir.
Starke Kinder können hier beweisen, was sie alles können.

6.9.1 Was bedeutet Sprache ohne Sprache

Da die Sprache aber unser wichtigstes Kommunikationsmittel ist, ist es klar, dass auf dieser Dialogebene noch eine ganze Menge mehr „Tricks" möglich sind.

Sie haben ein Kind, das ständig argumentiert und mit Ihnen diskutiert. Gehen Sie darauf ein, so werden Sie irgendwann ein-

mal die „Faxen“ dicke haben. Sie wollen nicht mehr diskutieren, aber:
Kinder werden noch etwas „drauf geben“!
Sprache ist unser wichtigstes Kommunikationsmittel. Und Kinder nutzen es auf ihre Weise: Dabei geht es manchmal wirklich nur darum zu sprechen. Der Inhalt ist dabei relativ unwichtig:

> *„Wir müssen Mutter weichkochen, egal wie!“*

Jetzt stellen Sie sich das Prinzip „ohne Sprache“ vor:

> *Frederic will unbedingt, dass seine Mutter mit ihm auf den Kinderspielplatz geht. Mutter muss aber kochen, weil abends Gäste eingeladen sind. Frederic argumentiert und bemüht sich, Mutter zu überzeugen. Mutter geht aber auf eine besondere Art auf seine Argumente ein: Sie bewegt die Lippen, ihre Gestik und Mimik sind passend zu dem was sie sagen will, aber ihre Lippen bewegen sich nur und....*
> *kein Laut ist zu hören!*

Frederic beschäftigt sich erst einmal mit anderen Dingen, weil ...
„Mit Mutter kann man im Augenblick nicht mehr reden!“.

6.9.2 Was bedeutet lautliche Erwiderung

Bei Sprache ohne Sprache sprechen wir nicht. Bei lautlicher Erwiderung sprechen wir nicht mehr, sondern geben nur noch unverständliche Laute von uns, die allerdings durchaus die Betonung haben, dass unser Kind weiß, was wir meinen.

> *„Mama, Maaahmahhh, Pauline hat mich geschlagen!“*
> *Wir antworten: „Jam, jam, na, dee. dee, ram, ahh!“*
> *Das Kind schaut uns an, als ob wir verrückt wären. Aber das Thema: „Mama, jetzt musst du etwas tun, du musst mit Pauline schimpfen“ ist nicht mehr aktuell.*

Auf diese Weise gelingt es uns auch relativ einfach, den üblichen, täglich bekannten Streitereien der Kinder aus dem Weg zu gehen.

6.9.3 Was bedeutet verrückte sprachliche Reaktion und immer das Gleiche fragen?

Kennen wir nicht das Problem, dass unsere Kinder mit einer Ausdauer, für die wir sie eigentlich sehr schätzen müssten, immer wieder die gleichen Fragen oder die gleichen Wünsche stellen. Solange, bis wir endlich nachgeben!

Auch hier können wir von ihnen lernen:

> *Jan möchte unbedingt etwas Süßes haben: „Mama, ich will was Süßes. Mama, haben wir Pingu, Mama, ich möchte ein Pingu, Mama, was haben wir an Süß? Mama, haben wir noch ein Pingu, Mama, ich will ein Pingu haben!"*
>
> *Doch nun kommt Mama!*
> *„Mama, ich will was Süßes."*
> *„Jan, die Bienen suchen jeden Tag an den Blümchen etwas Süßes!"*
> *„Mama, haben wir Pingu?" „Ja mein Schatz, die Pinguine plumpsen immer wieder ins Wasser, ist das nicht lustig?"*
> *Jan wird sehr irritiert sein. Und wenn Mama dann auch noch eine Alternative vorgibt „Jan, sollen wir die Spülmaschine mal zusammen ausräumen?" wird Jan das Süß vergessen haben.*

Auch hier ist das spielerische Element wichtig. Indem wir einfach die üblichen Fragen ignorieren, selbst mit komischen Reaktionen aufwarten, werden wir als Agierende die Kinder zu Reaktionen überreden, die wir uns wünschen, die sinnvoll sind und den Kindern Freude machen.

6.10 Was sind paradoxe Interventionen: Den Trick verstehen und den Trick anwenden!

Der Trick ist der Trick.
Sie wissen sicherlich noch nicht, was ein Paradoxon ist?
Ein Paradoxon ist etwas, was sich ausschließt. Unsere Kinder beherrschen dies Prinzip ausgezeichnet:
Sie fordern z.B. unsere Elternliebe ein, wenn sie eine Blumenvase auf den Boden werfen, und sie bekommen sie auch.

Aber, auch wenn wir etwas hinter dem Berg sind, wir werden heute und hier dieses Prinzip lernen, verstehen und vor allem, anwenden können!

6.10.1 Direktes Auffordern zum Verhalten

Stellen Sie sich die gerade beschriebene Situation in der Realität vor:

> *Unser Kind steht vor uns, hat die Blumenvase in der Hand und schaut uns provozierend-lächelnd an. Fordern wir unser Kind auf, die Blumenvase* ***„sofort"*** *wieder auf den Tisch zu stellen, so können wir damit rechnen, dass das Kind die Vase auf den Boden wirft.*

Dies sind ärgerliche Situationen, denen wir hilflos gegenüberstehen. Aber ab heute ist Schluss damit!
Hier werden wir provoziert und welche Regeln dafür gelten, werden wir später erfahren.
Paradoxes Vorgehen bedeutet, zum „Fehlverhalten" aufzufordern.

Nehmen wir eben beschriebenes Beispiel:

> *Das Kind steht vor uns mit der Blumenvase in der Hand. (Es wird diese Vase auf den Boden werfen, wenn wir es ihm verbieten.) Wir agieren wie folgt: „Oh, du willst die Vase auf den Boden werfen? Jetzt aber, wirf die Vase auf den Boden!"*
> *Das Kind stellt die Vase mit einem „Nein" wieder auf den Tisch.*

Wir bringen das Kind mit unserer paradoxen Aufforderung in einen Konflikt:
Das Kind hat sich entschieden, nicht das tun zu wollen, was wir wollen. Es weiß, dass es nicht richtig ist, die Vase auf den Boden zu werfen. Und nun fordern wir es auch noch dazu auf! Tut das Kind, was wir von ihm verlangen, nämlich die Vase auf den Boden zu werfen, folgt es unserer Anweisung. Das will es aber nicht. Stellt das Kind die Vase wieder zurück, so spürt es, dass dies eigentlich das ist, was wir wirklich wollen.
Paradoxe Methoden haben Ähnlichkeit mit doppelten Botschaften, nur setzen wir sie hier gezielt ein.

Wie auch immer sich das Kind entscheidet, es entscheidet sich in unserem Sinne und die Provokation, die letztendlich hinter dem Verhalten steht, „funktioniert" nicht mehr so richtig.

Ein Beispiel wiederum aus der Anfangsgeschichte:

Das Kind will nicht essen. Es verweigert die Nahrungsaufnahme von Mutter, lässt sich nur von Vater füttern. Der Vater füttert das Kind. Die Mutter verbietet dem Vater, das Kind zu füttern. „Wenn jemand Tobias füttert, dann bin ich das!"
„Und ich will nicht, dass Tobias jetzt isst." Tobias wird sehr nachhaltig laut von Mutter das Füttern einfordern.

Martin will abends nicht ins Bett gehen. Martin will aber auch nicht sein Zimmer aufräumen. Mutter sagt abends zu Martin, „Du darfst heute nicht ins Bett gehen, du musst nämlich erst Dein Zimmer aufräumen." Martin liegt sofort im Bett.

Das Auffordern zum unerwünschten Verhalten ist keine neue Methode. Es ist aber die wirksamste Methode, uns Eltern wieder das Agieren zu ermöglichen und die wirksamste Methode, um Provokationen zu vermeiden. Denn es ist ja eine Provokation!

Nur sind Kinder sehr schnell in der Lage, diesen Zusammenhang zu erkennen. Sie werden sich in der Regel neue Möglichkeiten ausdenken, um uns wiederum zum Reagieren zu zwingen. Alle paradoxen Methoden funktionieren langfristig nur im Rahmen des Prinzips der Unberechenbarkeit.

6.10.2 Vorwegnahme von Verhaltensweisen, die wir nicht so toll finden

Ein anderer Weg des Akzeptierens von unerwünschten Verhaltensweisen unserer Kinder als Kommunikationssignal ist das sehr erfolgreiche Vorwegnehmen der Verhaltensweisen.
Es ist das Mittel der Wahl bei Wutanfällen. Sie wissen ja noch, dass es für Sie eigentlich kein Problem ist, einen solchen Wutanfall zu „provozieren". Natürlich vermeiden sie möglichst alle Situationen, die dazu führen könnten.

Mit diesem Prinzip haben Sie das Recht, es einfach mal auszuprobieren:

> *Immer wenn Maxime ihr Zimmer aufräumen soll, wird sie wütend und verweigert die Aufgabe. Mutter bleibt aber konsequent und Maxime tobt.*
> *Beim nächsten Mal ist Mutter gewappnet: „Maxi, Du musst jetzt dein Zimmer aufräumen, aber zuerst musst du jetzt ganz laut schreien." „Nein, ich will das nicht, ich will das nicht! Ich mache dir das mal vor." Und Mutter beginnt in der Art, wie Maxime normalerweise zu brüllen beginnt, auch zu schreien.*
> *Maxime setzt zum Schreien an, ihr bleibt bei der Aufforderung aber das Schreien im Halse stecken, und sie beginnt ihr Zimmer aufzuräumen.*

Natürlich kann es passieren, dass Kinder einer solchen Aufforderung Folge leisten und wirklich anfangen zu toben. Hier haben wir immer noch die Möglichkeit dieses Verhalten übertrieben zu Spiegeln, zu ignorieren, also aus dem Raum zu gehen oder es zu einem späteren Zeitpunkt zu verordnen (siehe unten).

Ein Beispiel aus der Anfangsgeschichte

> *Vater weiß, dass das Kind anfängt zu schreien, wenn er den Hut nicht aufgesetzt hat. Er kommt mit dem Hut auf dem Kopf ins Zimmer, Mutter nimmt ihn herunter und fordert das Kind auf, einen Wutanfall zu bekommen. Folgt das Kind dieser Aufforderung nicht, so gibt Mutter den Wutanfall im Sinne des indirekten Spiegelns vor. Das Kind wirkt ziemlich entnervt.*

6.10.3 Wir verschreiben Verhaltensweisen, die wir nicht so toll finden zu einer bestimmten Zeit oder an einem bestimmten Ort

Dies bedeutet, dass wir Verhaltensweisen, die uns ganz besonders auf die Nerven gehen, eine von uns kontrollierte Richtung geben.
Wir kämpfen nicht mehr gegen den Wutanfall, sondern akzeptieren ihn, aber nur zu einer bestimmten Zeit und an einem vorgegebenen Ort.

Das heißt also z.B.:

> *Das Kind wird erfahrungsgemäß auf ein Verbot mit einem Wutanfall (Ausraster) reagieren. Wir sagen aber:*
> *„Du darfst wütend sein, aber nicht jetzt. Schau' diese Eieruhr an, wenn es klingelt, dann darfst du ganz laut schreien und wütend sein."*

Hier geht es darum, dem Kind seine Frustrationen, seine Enttäuschungen, dass die Dinge nicht so laufen, wie sich das Kind das gedacht hat, zu verschreiben. Es soll lernen, Enttäuschungen zu akzeptieren, zumindest für eine Weile. Ist die Zeit um, so kann dann das Kind seine Wut rauslassen. Allerdings ist das dann meistens nicht mehr der Fall.

> *Wer kennt nicht das Quengeln und Jammern.*
> *Bei meiner Tochter Ilka zum Beispiel, als sie so etwa im Alter von drei Jahren war, war es eine typische Verhaltensweise, immer wenn sie meine Frau sah, fing sie an zu weinen und zu jammern.*
> *Es gab in der Regel keine ersichtlichen Gründe.*
> *Ich kaufte einen kleinen Holzbock, stellte vor diesen eine Schüssel und das ganze in eine Ecke des Kinderzimmers.*
> *Diese Ecke wurde „Jammer-Ecke" getauft.*
> *Immer wenn Ilka jammerte, wurde sie von mir aufgefordert, in die „Jammer-Ecke" zu gehen, sich über den Holzbock zu legen. Auf diesem lag natürlich ein Kissen. Ilka kritisierte sofort die Unbequemlichkeit. Sie sollte ihren Kopf so über den Holzbock halten, dass ihre Tränen in die Schüssel fallen konnten.*
> *Ich erklärte ihr, dass, wenn die Tränen verdunstet, d.h. getrocknet wären, nur noch Salz übrig bleiben würde, weil Tränen ja salzig sind. Mit diesem Salz könnte ich dann am nächsten Tag mein Frühstücksei salzen, worüber ich mich besonders freuen würde.*
> *Beim ersten und beim zweiten Mal habe ich ihr verständnisvoll geholfen, nach oben zu gehen und meiner Freude Ausdruck gegeben, dass ich ja am Morgen Salz für mein Ei haben würde.*
> *Selbstverständlich wollte sie dann nicht mehr jammern.*
> *Später reichte es sofort aus zu sagen: „Geh in deine Jammerecke und weine in die Schüssel."*
> *Ilka hat sehr schnell aufgehört zu jammern.*

Wichtig ist dabei allerdings die Fähigkeit, unterscheiden zu können, was provokatives und was Jammern mit einem realen Grund ist. Das bedeutet, wenn es einem Kind schlecht geht, es Schmer-

zen oder andere Schwierigkeiten hat, muss man natürlich mit dem Verhalten vollkommen anders umgehen.
Bei meiner Tochter Ilka war es allerdings zu 90% provokatives Jammern.

6.11 Ich spreche das aus, was ich glaube, was mein Kind empfindet und versuche, als Modell andere Verhaltensweisen vorzuleben

Das letzte hier vorgestellte pädagogische Prinzip ist der Versuch, uns in die Gefühlswelt unserer Kinder hineinzuversetzen. Dies können wir aber nur bedingt, denn: **wir sind leider erwachsen**.
Je kindlicher ein Erwachsener fühlen und denken kann, desto erfolgreicher wird er in der Kindererziehung sein und, das ist ein sehr angenehmes Nebenprodukt, desto langsamer wird er altern. Schauen Sie mich an!

Ein Hineinversetzen in die kindliche Gefühlswelt ist immer ein Experiment. Aber es ist ein Experiment, das Spaß macht.
Wir versuchen, aus unserem Leben etwas zu machen, versuchen Meditation, versuchen, in Gesprächskreisen den Sinn des Lebens zu erforschen. Wir brauchen eigentlich nicht mehr zu tun, als unseren Kindern zu folgen.

Sie sind das Leben, die Energie, die wir brauchen – auch wenn sie manchmal enorm viel davon einfordern – sie, die Kinder sind die Zukunft.
Und wenn ich mich über sie ärgere, warum sollte ich mir nicht mal die Frage stellen:

> *„Warum machen die Kinder das?"*

Peter ist ein wunderschönes Beispiel dafür:

Peter ist ein Kind, das Dieter Nuhr als Terrorist und andere Eltern als verhaltensgestört bezeichnen würden. Peter hat keine Lehrer als Eltern, aber Psychologen. Für Peter scheint alles wichtig zu sein, was man zerstören kann. Peter ist drei Jahre alt und benimmt sich wie ein „Schwein“. Seine Eltern haben kaum noch Kontakte mit anderen Menschen.

Die Eltern kamen mit Peter angereist, froh, dass sie wieder Kontakte hatten.

> *Peter stürzte in die Wohnung und zerrte an den Gardinen.*
> *Ich hatte meine Kinder auf nicht voraussehbare Verhaltensweisen eingestimmt und ihnen die Regel auferlegt, „Egal was passiert, wir machen uns einen Spaß daraus".*
> *Während Peter nun an den Gardinen zerrte, riefen meine Kinder und ich: „Runter damit, runter damit, runter damit!"*
> *Peter hörte auf zu ziehen und sah uns verwundert an. Vor allem mich, als Erwachsenen.*
> *Doch dann entschied er sich, sein Tun fortzusetzen. Ich intonierte „Peter will Gardinen reißen, Peter will Gardinen reißen..." meine Töchter machten mit.*
> *Peter war irritiert und hörte auf.*
> *Nun war es bei mir zu sagen,*
> *„Ich bin wütend, keiner kann mich leiden, ich muss böse sein, aber eigentlich will ich das gar nicht, aber wenn ich Gardinen ziehe, dann schauen alle!"*
> *Nach dieser Aktion spielte Peter mit meinen Töchtern erstmalig sinnvolle Spiele. Er brauchte nicht mehr zu beweisen, dass er der „King" ist.*

7. Das Prinzip der Unberechenbarkeit oder das kreative Chaos

Einleitung

Wir haben gelesen, gehört und immer wieder erlebt, dass unsere Kinder stärker, kreativer aber auch grenzüberschreitender sind als andere. Solche Verhaltensweisen finden wir besonders in bestimmten Lebensabschnitten vor:

- Im Alter zwischen zwei und drei Jahren sind Kinder besonders trotzig.
- Zwischen vier und sechs Jahren entwickeln Kinder ihren Willen.
- Zwischen zwölf und sechzehn Jahren entwickeln Kinder ihre Identität.

Allen ist gemeinsam, dass der Versuch unternommen wird, mit welchen Mitteln auch immer, gesetzte Grenzen zu testen, zu überschreiten, um sich dadurch weiterzuentwickeln, ihre Persönlichkeit zu finden oder einfach nur, um zu spielen.
Diese Grenzüberschreitungen erfordern ein hohes Maß an Kreativität und Flexibilität von seiten der Eltern. Die üblichen erzieherischen Erwiderungen sind bei solchen Kindern und in solchen Situationen sehr schnell ohne Wirkung.
Die im vorangegangenen Kapitel aufgelisteten Methoden (Zutaten) eines Umgangs mit starken Kindern sind hier vonnöten. Doch selbst diese Möglichkeiten können unsere Kinder unterlaufen. Wir brauchen eine „gekochte Suppe“.

Schauen wir uns doch zuerst einmal an, nach welchen Regeln eine normale Erziehung abläuft:

Jede Familie gibt für die Erziehung ihrer Kinder einen bestimmten erzieherischen Rahmen vor. Dieser Rahmen variiert je nach Einstellung, Moral und Ethik. So ist ein klassischer Erziehungsrahmen sicherlich enger als ein antiautoritärer.

Die Weite oder Enge des Rahmen hat sicherlich auch Auswirkungen auf die Häufigkeit der Grenzüberschreitungen. Man kann vermuten, dass je enger oder je weiter ein Erziehungsrahmen vorgegeben ist, desto höher die Wahrscheinlichkeit.

Dieses Bild soll den von uns gewählten erzieherischen Rahmen darstellen.
In diesem Rahmen darf sich unser Kind frei bewegen.

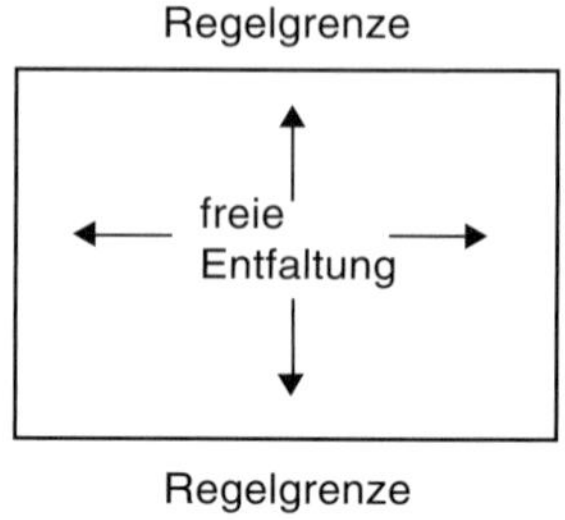

Normaler familiärer, erzieherischer Rahmen

Nun neigen Kinder aber dazu, und das ist Bestandteil ihrer Entwicklung, Grenzen zu überschreiten oder auszutesten:

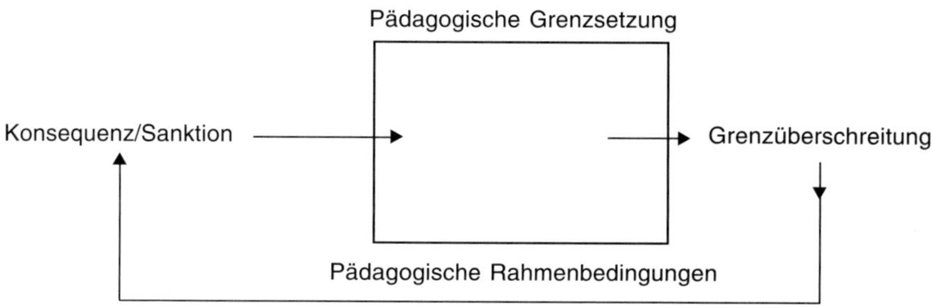

Einfache Form der Erziehung

Erziehung bedeutet in diesem Zusammenhang, der Grenzüberschreitung durch Ermahnungen, Erklärungen oder gegebenenfalls auch durch Sanktionen (Schimpfen oder ähnliches) zu begegnen.

Das Kind wird sich dann in seinen vorgegebenen Regelrahmen zurückziehen und bestenfalls gelernt haben, dass diese Regelüberschreitung nicht in Ordnung ist und die Eltern dann ärgerlich werden. Das Kind lernt:

> *„Das darf' ich nicht, das ist verkehrt" und wird beteuern, dass es das nie wieder tut (Zurückziehen in den Rahmen).*

Nun gibt es aber Kinder – und von denen ist in diesem Buch die Rede –, die sind so schnell und kreativ im Überschreiten von Regeln, dass die Eltern nicht mehr nachkommen können. Während die Eltern noch darüber nachdenken, wie sie auf die Regelüberschreitung (siehe oben) reagieren sollen:

Wie soll ich bloß darauf reagieren, wenn ich schimpfe, fängt das Kind vielleicht an zu weinen?. In „Eltern" habe ich kürzlich gelesen, dass man Kinder gewähren lassen muss....",

hat das Kind folgendes getan:

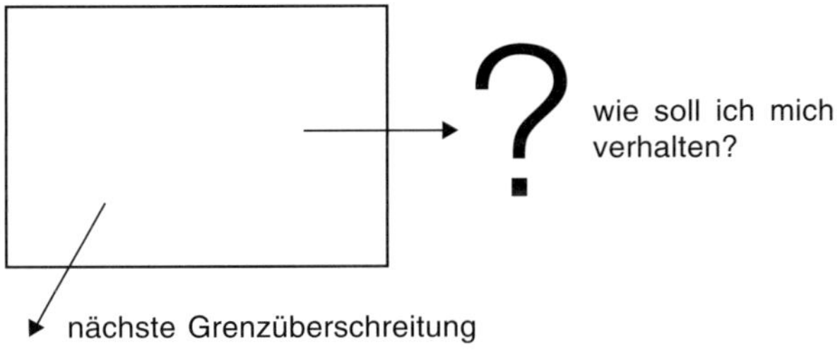

Es hat durch die Verzögerung durch die Eltern gelernt:

„Diese Regelüberschreitung geht wohl in Ordnung, also probieren wir mal eine andere..."

Dieses Kind wird immer mehr und schneller Grenzüberschreitungen üben, um dann seinen erzieherischen Rahmen immer mehr zu vergrößern und zu bestimmen.
Ein ähnliches Prinzip finden wir auch in der Pubertät.

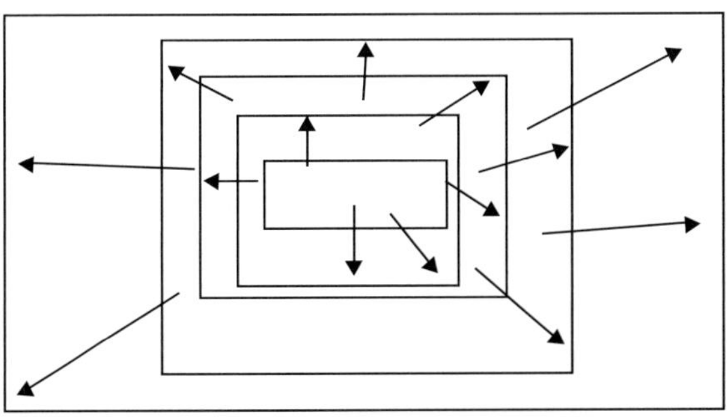

Der Weg eines Kindes, den Handlungsrahmen zu erweitern

So wird das Kind den Rahmen immer mehr erweitern, mit einem hohen Potential an Kreativität, Neugier, Langeweile und Flexibilität.
Die Eltern werden in diesem Falle immer hilfloser und ohnmächtiger innerhalb ihrer erzieherischen Kompetenz, die Kinder immer maßloser im Erproben von neuen Überschreitungen von Grenzen.

Andere Kollegen sprechen hier von **verhaltensgestörten oder tyrannischen Kindern**.

Doch wir wissen es besser, es sind einfach „starke Typen".
Betrachten wir uns daher einmal ihre Regeln, nach denen sie uns immer wieder aushebeln und hilflos machen:

7.1 Welches ist die gängigste Methode eines Kindes, Grenzen zu überschreiten?

Die Provokation!

Provokation = Ärger

Provokation = Ärger

Provokation = Ärger

Provokation = Ärger

Das Prinzip der Provokation

Wesentlichstes Moment solcher Grenzüberschreitungen ist das Phänomen der Provokation.
Wovon lebt eine Provokation, was verstärkt sie?

Die Provokation lebt vom Ärger des Gegenübers. Je mehr sich das Gegenüber ärgert, desto größer die Wahrscheinlichkeit, dass provokantes Verhalten häufiger auftritt.

Regel:
Auf Provokationen niemals mit Ärger reagieren! So schwer es auch fällt. Verschiedene Reaktionsmöglichkeiten haben Sie bereits weiter oben kennengelernt.

Unsere Kinder sind genial darin, auszutesten, wie sie ihre Eltern über Provokationen zu den unterschiedlichsten gefühlsmäßigen Reaktionen zwingen können.
Und wir Eltern sind so „dumm“, unsere Kinder zu unterschätzen.

Wir glauben, und was sollte falsch daran sein, dass wir unseren Kindern mit unserem Wissen und unseren Erfahrungen weit überlegen sind. Wir verschließen allerdings die Augen davor, dass unsere Kinder uns im Erspüren von Unsicherheiten haushoch überlegen sind.

Doch dieser Umstand widerspricht jeder intellektuellen Logik. Also glauben wir einfach nicht daran und unser Kind nutzt seine Überlegenheit „schamlos“ aus.

Wie schnell wissen unsere Kinder, welchen „Knopf oder Schalter“ sie drücken müssen, um ihre Mutter oder ihren Vater auf achtzig, auf hundertzwanzig oder auf hundertachtzig zu bringen.

Ab 180 rasten alle Eltern unkontrolliert aus.
Dies ist spätestens der Punkt, wo das Kind seine Provokationen stoppt. Es merkt, „Jetzt meinen Mutter oder Vater es ernst!“.
Dabei ist ein wesentlicher Aspekt:

*Das Kind empfindet diesen Vorgang als **Spiel**, wir Eltern empfinden diesen Vorgang als **Kampf**.*

Das kann nicht gutgehen, da eine unterschiedliche, fast schon gegensätzliche Einschätzung ein- und desselben Vorganges keine Lösung möglich macht. Die unvereinbaren Sichtweisen von Eltern und Kind verhindern ein gemeinsames Spielfeld.

Das Kind wird aus der Natur seines Entwicklungsprozesses heraus immer wieder Grenzen erproben, und erfährt durch die Ohnmacht seiner Eltern zusehends mehr Macht.

Diese Macht allerdings ist ein zweischneidiges Schwert: Ein Kind braucht einen gesicherten Rahmen, in dem und an dem es sich orientieren kann. Wird ihm dieser Rahmen nicht gesetzt, wird es maßlos im Überschreiten von Grenzen, aber auch gleichzeitig irritiert und ängstlich sein.

Das Dominieren über die Familie hat auf der einen Seite sicherlich triumphalen Charakter, auf der anderen Seite finden wir eine hochgradige Angst. Das Kind ist gar nicht in der Lage, mit diesen Kräften umzugehen, die ihm letztendlich die Eltern relativ kampflos übergeben. Es erinnert an den Zauberlehrling, der die Geister rief, sie dann aber nicht mehr kontrollieren konnte.

Dieses Kind wird unglücklich, so wie seine Eltern.

7.2 Das Kind wird immer unberechenbarer

Unser Kind braucht einen seinem Entwicklungsstand entsprechenden überschaubaren Rahmen von Regeln, die ihm Sicherheit geben, und in denen es seine kleine Welt erweitern und ausbauen kann. Es ist ihm aber trotzdem gelungen, diesen Rahmen zu sprengen, und wir als Eltern haben diesem Vorgang zusehends weniger entgegenzusetzen.

Unser Kind erfindet neue Varianten, wir als Eltern greifen auf Altbekanntes zurück.

Wir erziehen immer weniger unsere Kinder, sondern unsere Kinder erziehen immer mehr uns.

Was bedeuten diese Überlegungen für den Umgang mit unseren Kindern?

Die faszinierende Maßlosigkeit der Grenzüberschreitungen unserer Kinder nimmt Formen an, denen wir einfach nicht mehr folgen können.

Das bedeutet, unser Kind wird immer unberechenbarer!

Die zunehmende Unberechenbarkeit unseres Kindes steht im Gegensatz zur zunehmenden Berechenbarkeit unseres eigenen Handelns:

Bleiben wir beim Beispiel elterlicher „Gewalt":
Betrachten wir einmal die Möglichkeiten, die Eltern von Kindern und Jugendlichen letztendlich zur Verfügung stehen, um auf „klassische Art" Grenzüberschreitungen zu begegnen:
Hausarrest, Fernsehverbot, Taschengeldentzug, Schimpfen, Schreien, Ins-Zimmer-Schicken, Liebesentzug bis letztendlich der „Klaps" auf den Hintern.

Was aber passiert, wenn sich z.B. unser Kind entscheidet, die uns zur Verfügung stehenden Bestrafungsmöglichkeiten einfach im Sinne des „Kohl-Syndroms“ auszusitzen?
Das heißt, wenn sich unser grenzüberschreitendes Kind entscheidet:
„Es interessiert mich nicht, wie die Eltern darauf reagieren!“
Hier kommen dann die „coolen“ Sprüche wie:

„Hau' mich doch"... oder „Ist mir doch egal"

die uns als Eltern den Rest geben. Hier drängt sich uns doch irgendwie der Gedanke auf: „Erziehen eigentlich wir noch unsere Kinder oder erziehen sie uns?“
Dieses Denken bzw. dieser Prozess wird besonders dadurch gefördert, dass unser zu erziehendes Kind ein enorm gutes Gespür dafür hat, wie unsicher wir in dem sind, wie wir handeln.
Alle Eltern fühlen sich nicht gut dabei, Bestrafungen auszusprechen. Insbesondere dann nicht, wenn sie diese in ihrer eigenen Geschichte zur Genüge gespürt haben.

Wollten wir es nicht immer anders machen als unsere Eltern?

7.3 Das Thema „Agieren und Reagieren“ in einem neuen Zusammenhang

Schauen wir uns das bisher Gesagte unter diesem Gesichtspunkt nochmals an. Wenn unsere Kinder zunehmend mehr unberechenbar werden, so hat dies zur Folge, **dass wir immer mehr reagieren müssen**.

Und haben wir endlich mal eine Möglichkeit der Reaktion gefunden, so werden sie sehr schnell eine neue Möglichkeit finden, uns zu anderen Reaktionen „zu bringen“.

Wichtig für den Erziehungsprozess ist es aber, dass wir als Eltern wieder, nicht ausschließlich, doch aber **überwiegend den Ton angeben**, die Regeln setzen, nach denen das Kind sich zu verhalten hat.

Eigentlich sollten Eltern zumindest genau so viel agieren wie reagieren. Wenn wir als Eltern aber nur noch reagieren müssen, so können wir davon ausgehen:

„Etwas läuft falsch!“

Aus diesem Dilemma kommen wir nur noch heraus, wenn wir von unseren Kindern lernen. Sie geben die Regeln vor, aber wir können es ab heute noch besser.

Also gehen wir an die Arbeit:

1. Wir lassen uns nicht mehr provozieren!
2. Wir werden unberechenbar in unseren Verhaltensweisen, so dass unser Kind
3. wieder reagieren muss. Denn
4. der, der agiert, gibt auch die Regeln vor.

...und dies geht über die:

7.4 Umkehr der Provokation

So schwer es uns auch fällt, die Verbindung von Provokation und Ärger müssen wir erkennen. Die einzige logische Schlussfolgerung daraus ist, wir dürfen uns nicht mehr „ärgern “.

Wenn ich auf Ärger nicht mehr wütend, sondern eher lächelnd, humorvoll oder ironisch reagiere, wird mein Gegenüber entweder

- noch provozierender **reagieren**, um den alten und gewohnten Zustand meiner Reaktion wiederherzustellen oder
- irritiert **reagieren:**

> *„Was ist passiert? Es ist heute nicht der ideale Provokationstag, ich warte mal einige Zeit ab, und dann lässt sich sicherlich der alte Zustand wiederherstellen!"*

Wir aber bleiben konsequent fröhlich.
Insofern wird die Funktion der Provokation nicht mehr greifen.

> *Ich kenne z.B. anders fähige Kinder, die mit Vorliebe in solchen Situationen Fensterscheiben zerschlagen. Auf die Empfehlung hin, sie dazu aufzufordern und dabei zu lachen, ging nur noch eine Scheibe zu Bruch. Danach wurden keine Scheiben mehr zertrümmert.*

Auf dieser spielerischen Ebene sind erstmals wieder Bewegung und Kompromisse möglich. Auf einer bestrafenden, konfrontativen Ebene kommt es wie gewohnt nur zu weiteren Verhärtungen und somit auch zu ausweglosen Ritualen. Verhärtungen aber sind destruktiv und führen zu keiner Bewegung.

7.5 Umkehr der Unberechenbarkeit

Eigentlich ist das Leben so einfach: das Prinzip liegt auf der Hand:

Unsere Lehrmeister sind unsere Kinder.

Wenn wir sie nicht unterschätzen würden, hätten wir mehr Spaß am Leben.
Es liegt doch auf der Hand; Sind wir als Eltern **berechenbar** und unser Kind **unberechenbar**, so werden wir ständig **reagieren**, unser Kind ständig **agieren**.

Dies führt zu einer Abhängigkeit von uns dem Kind gegenüber. Es wird zu einem Ritual, bei dem niemand glücklich ist.
Rituale sind aber unproduktiv.
Um einen lebendigen Dialog, d.h. einen ständigen Austausch von Aktion und Reaktion wieder zu erreichen, müssen wir von unseren Kindern lernen.
Also werden wir unberechenbar handeln, – ein wenig „verrückt".
Dadurch müssen unsere Kinder **reagieren.** Und wir haben weiter oben, in Kapitel 6, gelernt, welche Zutaten man noch nutzen kann.

7.6 Wie werden wir nun unberechenbar?

Eigentlich ist es ganz einfach und doch so schwer: Denn es gibt nur eine Regel:

Die Regel lautet: Es gibt keine Regel ... bis es wieder Regeln gibt!

- Einfach in der Weise, als das Prinzip logisch und leicht nachvollziehbar ist.

- Schwer, weil es bedeutet, Regeln und Reaktionsmöglichkeiten zu finden, die ständig variieren, unserem Kind keine Möglichkeiten zu lassen, sich wieder auf uns einzustellen, d.h., uns zu berechnen.

Unberechenbar zu reagieren heißt ja, eine Zeitlang **„verrückt"** zu reagieren und damit wieder zu agieren. Wenn wir aber wieder agieren, muss das Kind reagieren.
Und damit tun sich Eltern und Betreuer verdammt schwer:

Die Kreativität und Flexibilität unserer Kinder sind nicht jedermanns Sache.

Die in Kapitel 6 beschriebenen Möglichkeiten, mit den „Aktionen" Ihrer Kinder umzugehen, „funktionieren" bei starken Kindern nur, wenn sie nicht wissen, wie Sie als Eltern in der nächsten Minute reagieren werden.

Sie müssen immer wieder unterschiedlich reagieren, so dass keine Regel für das Kind erkennbar ist. Sie können durchaus auch mal „sauer" reagieren, aber immer für das Kind unvorbereitet.

Alle vordem beschriebenen Methoden können Sie nutzen und variieren, wie Sie es wollen und wie es Ihnen Spaß macht.

Allein die Tatsache, dass Sie sich als Eltern abends gemeinsam ins Bett legen und sich für den nächsten Tag die unterschiedlichsten Reaktions- und vor allem auch Aktions-Möglichkeiten überlegen, wird Ihnen soviel Spaß und Freude bereiten, um dem nächsten Tag gelassener entgegenzutreten.
Wenn Sie sich vorstellen, mit welchem Gesicht Ihr Kind sie am nächsten Tag ansehen wird, wenn sie sich plötzlich **„verrückt verhalten"**, das allein ist schon ein Augenzwinkern wert. Schon dieser Gedanke, sich plötzlich verrückt zu verhalten, hilft Ihnen, Aggressionen, die sie Ihrem Kind gegenüber bisher nie zugelassen haben auszuleben, ohne dass Ihr Kind darunter leiden muss.

Bei starken Kindern ist es nur natürlich, dass die Eltern ihren Kindern gegenüber ein hohes Maß an Aggressivität entwickeln. Die abendliche Planung der Eltern des jeweils täglichen Vorgehens nimmt schon sehr viel von dieser Angst vor dem nächsten Tag und der Wut, die wir auf unsere Kinder haben (dürfen). Da wir nicht mehr „ohnmächtig" sein müssen, wieder „Land in Sicht" haben, das alles lässt uns viel gelassener werden.
Und haben Eltern wieder dieses Gefühl der Gelassenheit, werden dies auch unsere Kinder spüren und sich wieder „angemessener" verhalten und glücklicher sein.

Wichtig ist: Sie müssen sich nur solange „verrückt" verhalten, solange ihr Kind „verrückt" spielt. Ihr Kind wird sich sehr schnell in den oben beschriebenen Rahmen der normalen Erziehung und Grenzsetzung zurückziehen und abwarten, bis der „Anfall" der Eltern vorbei ist. Hat sich ihr Kind in den beschriebenen Rahmen zurückgezogen, so können Sie wieder ganz normal erziehen, wie Sie es für richtig halten.

Das Prinzip der Unberechenbarkeit oder des kreativen Chaos setzen Sie nur ein, wenn Ihre Kinder „die Welt auf den Kopf stellen", und Sie sich hilflos fühlen.

Zusammenfassung

Ich formuliere es noch einmal anders: Sie müssen sich nicht immer wieder neue Dinge ausdenken, sondern Sie reagieren auf alle Verhaltensweisen z.B. mit 10 verschiedenen Möglichkeiten (Zutaten), die sie vorher festgelegt haben. (Zutaten 1-16; siehe nächstes Kapitel).
Sie können jede der einzelnen Möglichkeiten durchaus z.B. zehnmal am Tag nutzen, nur immer für das Kind unerwartet und immer im Wechsel mit einer zweiten, dritten oder anderen Möglichkeit.

Verhält sich ihr Kind wieder wunschgemäß, gehen sie auch wieder normal mit ihm um.

Die Methode des kreativen Chaos ist eine Methode des Umgangs mit Krisen, um den Eltern die Möglichkeit offenzulassen, noch aktiv und nicht ohnmächtig zu sein.
Sie sollte auch nur in Krisen eingesetzt werden.

Viele Eltern machen am Anfang noch den Fehler, immer nur mit einer „verrückten" Methode zu reagieren. Darauf stellt sich das Kind aber sehr schnell ein und setzt seinerseits eine eigene „noch verrücktere" Methode dagegen.

Und plötzlich stehen die Eltern wieder hilflos da.
Deswegen ist es wichtig, mindestens 6 – 8 (besser 10) Methoden (Zutaten) immer wieder in unregelhaftem Wechsel zu nutzen.
Dann verliert das Kind den Überblick und wird sich wieder wunschgemäß verhalten, weil es diese Unsicherheit nicht mehr aushalten kann.

8. Praktische Übungen zu einzelnen Methoden, wie Kinder nerven

Erinnern wir uns noch mal, welche unterschiedlichen Aktions- und Reaktionsmöglichkeiten (Zutaten) wir zur Verfügung haben, wie ich sie in Kapitel 6 beschrieben habe:

- Spiegeln (1)
- indirektes Spiegeln (2)
- Abwarten, aus dem Raum gehen und Ignorieren (3)
- indirekte Sprache (4)
- Sprache ohne Sprache (5)
- „verrücktes" Sprechen (6)
- lautliches Sprechen (7)
- Auffordern zum Fehlverhalten (8)
- Vorwegnahme des Fehlverhaltens (9)
- Wiedergabe möglicher Gefühle (10)
- Verschreiben des Fehlverhaltens zu bestimmter Zeit und im bestimmten Raum (11)
- Ablenken und Alternativen anbieten (12)
- Lachen: wenn provoziert wird, lachen wir (13)
- Hilflosigkeit und Fehler machen (14)
- Schimpfen: Gerade dann, wenn wir nicht provoziert werden, schimpfen wir (15)
- selbst „aggressiv" sein, wenn das Kind mal nicht „aggressiv" ist (16).

Es bleibt Ihrer Phantasie überlassen, weitere „Tricks" und Reaktionsmöglichkeiten zu entwickeln.

Ich wiederhole nochmals, weil es so schwierig zu verstehen ist, dass das Prinzip der Unberechenbarkeit besagt: Auf ein und dasselbe Verhalten muss immer wieder anders reagiert werden. Das Kind darf keine Regel erkennen. Sie können

natürlich alle Methoden mehrfach am Tag oder in der Woche variabel benutzen. So können Sie durchaus auch dreimal am Tag schimpfen, wenn Ihnen danach ist, wenn Sie auch lachen können oder anders verrückt reagieren.
Das Kind darf nur keine Regel erkennen.

Dies möchte ich an einigen typischen Verhaltensweisen aus dem Alltag verdeutlichen: Die genutzten Zahlen stellen weitere, nicht zusätzlich erläuterte, Aktions- und Reaktionsmöglichkeiten dar. Zwei Beispiele, wie Jürgen von der Lippe es zu tun pflegt:
„Was bedeutet die Zahl 8?“ „Auffordern zum Fehlverhalten.“ „Richtig“.
„Was bedeutet die Zahl 3?“ „Abwarten, aus dem Raum gehen und Ignorieren.“
„Richtig“. Sie haben ein Glas Sekt gewonnen!

8.1 Mein Kind nörgelt und jammert ständig

Zu diesem Thema sind im Gesamttext genügend Beispiele beschrieben worden. Relativ einfach zu handhaben ist das Spiegeln (1) mit unterschiedlichen Variationen, das indirekte Spiegeln (2), also selbst einmal jammern, gerade dann, wenn das Kind mal nicht jammert und zufrieden spielt, die Vorwegnahme (9), verrücktes Antworten (6), das laute unabhängige Beschreiben des möglichen Gefühlszustandes des Kindes (10) oder weitere Möglichkeiten. Wichtig ist, dass das Kind das Gefühl hat, dass Sie diese Verhaltensweisen immer wieder mit einem leichten Augenzwinkern durchführen, also die Sache nicht ganz „bierernst“ nehmen.

Auch hier, wie bei allen anderen Verhaltensweisen, muss ich unbedingt darauf hinweisen, dass dieses Verhalten auch ernstzunehmende Ursachen haben könnte.
Dann sollten Sie einen Arzt oder Kinderpsychologen aufsuchen.

Doch glaube ich, dass Sie Ihr Kind gut genug kennen, um herauszufinden, ob das Nörgeln und Jammern eine wirklich ernste Ursache hat oder ob Ihr Kind aus Langeweile oder um einfach nur zu „nerven“ diese Strategie mit Ihnen spielt.

> *Wenn Sie anders reagieren als gewohnt, müssen Sie allerdings damit rechnen, dass sich Ihr Kind möglicherweise durchschaut fühlt und Ihrem „verrückten" Verhalten z.B. durch Wutanfälle begegnet, um Sie in Ihre alte fürsorglich-unsichere Art zurückzuführen.*
> *Lassen Sie sich durch eine Zunahme von unerwünschten Verhaltensweisen nicht verunsichern und erschrecken. Erkennen Sie sie als eine Strategie, „Mama wieder normal zu machen..." (d.h., dass sie sich wie immer verhält.*

Sie sollten allerdings darauf vorbereitet sein. Wenn Sie Ihr Kind so einschätzen, dass eine Zunahme unangenehmer Verhaltensweisen zu erwarten ist, sollten Sie sich auch schon darauf vorbereiten (z.B. Vorwegnahme (9), Spiegeln (1) oder Ablenken (12)). Kommen Aussagen von seiten Ihres Kindes wie: „Ich will das nicht!“ oder „Hör’ auf damit!“ oder „Du magst mich nicht mehr!“ **so lassen Sie sich davon nicht beeindrucken.** Vielmehr haben Sie hier die Chance, Ihrem Kind die Aufgabe zu erteilen, Lösungsvorschläge zu bieten.

> *„Oh, mir ist so langweilig, ich weiß nicht was ich tun soll!"*

So verhalten Sie sich fair, denn Ihr Kind hat die Möglichkeit, Ihnen dann Kompromisse oder Lösungsmöglichkeiten vorzuschlagen. Und Sie werden erstaunt sein, wie viele der vom Kind vorgeschlagenen Lösungsmöglichkeiten eigentlich Ihren eigenen Vorstellungen entsprechen.
Spätestens hier merken Sie, dass Ihr Kind Ihnen in früheren Zeiten sehr gut zugehört hat.

8.2 Mein Kind beschimpft mich andauernd

Beschimpfungen durch unsere Kinder müssen wir uns grundsätzlich nicht gefallen lassen. Wir haben aber die Erfahrung gemacht, dass Verbote, Ermahnungen oder Erklärungen dieses Verhalten eher steigern als mindern.

Wichtig ist, dass wir nicht vergessen dürfen, dass unsere Kinder auch das Recht haben, ihren Unmut zu äußern.

Wie schon an früherer Stelle beschrieben, sind wir als Eltern auch nicht perfekt. Wir machen auch Fehler, und wenn wir diese machen, sollten wir auch dazu stehen. Berechtigte Kritik durch unsere Kinder sollten wir akzeptieren. Wenn Eltern Fehler zugeben, sind die Kinder viel eher in der Lage, auch ihre Fehler einzugestehen.
Doch oft ist die Form der Kritik durch das Kind nicht berechtigt. Wählt ein Kind ein falsches Wort, aber sein Unmut ist in gewisser Weise berechtigt, so können wir z.B. in der Form des unabhängigen Beschreibens des möglichen Gefühlszustandes reagieren (10).

„Ja ich bin jetzt wirklich richtig sauer auf die Mama, aber es ist nicht richtig, Dumme Kuh zu sagen. Ich sage jetzt einfach, das ist gemein und die Dumme Kuh, das tut mir leid".

Weiter müssen wir berücksichtigen, dass unsere Kinder viele Schimpfworte der übelsten Art aus Schule und Kindergarten mit nach Hause bringen, ohne eigentlich zu wissen, was sie bedeuten.

Hier sollten wir zuerst erklären, welche Bedeutung das Wort hat und warum wir dieses Wort nicht schätzen.
Sollte dies nicht helfen, so können wir z.B. paradox reagieren (8):

„Das ist aber ein nicht so schlimmes Wort, kennst du nicht noch schlimmere?"

Hört das Kind trotzdem nicht auf, so können wir über den Weg des Ablenkens (12) antworten:

„Ich kenne aber viel schlimmere Wörter wie Plumsquatscher, Schnaddelschnüss oder Rappelpepper!"

Wir geben hier neue, unbekannte und mehr kindgemäße „Schimpfworte" vor, die die Kinder durchaus belustigen und die Nutzung der anderen Worte verhindern können. Auch die Verschreibung in Raum und Zeit (11) kann hierbei genutzt werden.

Wir machen zweimal täglich einen zehnminütigen Schimpfwettbewerb. Hier kann jeder zeigen, was er kann, die Eltern prämieren aber nur die kindgemäßen Worte.

Über eine kleine Geschichte, wo z.B: „Flummilinchen" immer von einer Kuh beschimpft wird, können neue Regeln eines angemessenen Umgangs mit Frustrationen geübt und vorgegeben werden. Das Spiegeln von Schimpfwörtern (1) bietet sich nur über Variationsmöglichkeiten an:

Zum Beispiel bei dem Wort „Nutte".
„Wie?, Rutte, nein du meinst Butter oder vielleicht Mutter?" Das Kind beharrt auf dem Wort. Wir fragen weiter: „Du meinst Kutte, wollen wir uns verkleiden? Nein, jetzt weiß' ich was du meinst, du meinst Futter, das ist eine gute Idee." Und ich gehe zum Kühlschrank und hole mir eine Milchschnitte, die ich im Beisein des Kindes genussvoll esse. (6, 12)

8.3 Mein Kind beißt oder schlägt mich

Mit diesem Thema habe ich mich auch schon weiter oben beschäftigt.
Dieses Verhalten ist grundsätzlich verboten, tritt aber immer häufiger auf. Dies ist meist darauf zurückzuführen, dass Kinder in der Kleinstkindphase mit Beißen, Kratzen, Kneifen und Haareziehen experimentieren, ohne dass dies ein aggressiver Akt ist. Das laute „aua" der Eltern ruft sehr viel Belustigung hervor und animiert zum Weitermachen.
So wird schnell aus diesem „Üben im Umgang mit den eigenen Kräften" ein provozierendes Verhalten.
Spätestens hier ist eine klare Antwort angesagt.
Vergessen wir aber rechtzeitig, uns deutlich durchzusetzen, weil bei einem so kleinen Kind dies Verhalten ja noch so „putzig" ist, so wird ein wütendes Schreien, Schlagen oder Beißen häufiger auftreten.

Auch hier ist es wichtig, genau hinzusehen, warum dieses Verhalten eingesetzt wird.

Es gibt mehrere Möglichkeiten:

1. Ist es eine Provokation?

An möglichen Handlungsvariationen sind hier denkbar: 1, 2, 6, 7, 10, 11, 12, 13 und 16.
Lassen Sie mich noch etwas zum Prinzip 16 „Selbst aggressiv sein, wenn das Kind gerade mal nicht aggressiv ist“ ergänzen: Hier geht es nicht darum, zu schlagen, zu beißen oder ähnliches zu tun.

Hier geht es um das Überraschungsmoment!

Die unangenehme Seite des Kindverhaltens, dass es einer Person wirklich, manchmal unvermittelt „weh tut“, wird dem Kind vielleicht in der unangenehmen Qualität gar nicht bewusst sein. Jetzt stellen Sie sich aber folgende Situation vor:

Ihr Kind spielt gerade mal friedlich und Sie stürzen unvermittelt darauf zu, schütteln es leicht oder ziehen leicht an den Haaren und gehen wieder, ohne sich weiter um die Reaktion zu kümmern, aus dem Zimmer. Oder Sie lachen und tun so, als ob dieses Verhalten das „Normalste der Welt“ sei.

Dieses Kind wird, ohne dass wir es verletzen, fühlen, wie unangenehm sein eigenes Verhalten sein kann. Wenn wir dies zu einem anderen Zeitpunkt nochmals in einer kleinen Geschichte verarbeiten, wird es sicherlich mit diesem Verhalten aufhören.

2. Ist es Wut?

Dann müssten wir uns die Frage stellen, woher kommt diese Wut? Hier sind weniger paradoxe Verhaltensweisen oder das Spiegeln in allen Variationen sinnvoll, sondern der Versuch, anders mit Frustrationen umzugehen. (4, 5, 6, 12, 13)

3. Ist es ein Spiel?

Sollte das der Fall sein, so sind alle Möglichkeiten erlaubt. Denn hier steht nicht die Aggressivität im Vordergrund, sondern das Ausleben von lustigen Situationen. Und wenn das Kind dann sieht, wie die Eltern dabei verunsichert reagieren, kann es auch schon mal schlagen.

4. Ist es deshalb, weil das Kind nichts anderes kennt?

Wenn Sie diese Befürchtung haben, sollten Sie sich vertrauensvoll an einen Kinderpsychologen oder Kinderpsychiater wenden.

8.4 Mein Kind schlägt andere Kinder

Mit diesem Thema haben wir uns auch schon weiter oben ausführlich beschäftigt (z.B. in Kapitel 5).
Hier gilt es, erst einmal genau hinzuschauen, ob unser Kind gar nicht weiß, was es damit anrichtet. Sie erinnern sich noch an Kind A, das das Schlagen als eine Form der Kontaktaufnahme nutzte?

> Erst einmal sollten wir nicht zu schnell eingreifen, wenn sich Kinder untereinander körperlich auseinandersetzen. Das kann auch hilfreich für ein Kind sein, das nicht gelernt hat, sich zu wehren.

Hier spielt aber immer das gesamte Umfeld eine Rolle. Das Schlagen anderer Kinder findet ja weniger zu Hause statt, als mehr auf dem Spielplatz, in der Schule oder im Kindergarten. Wir können dabei nicht auf alle Einflüsse einwirken.
Sind Prügeleien über das normale Maß des Kräftemessens hinausgehend, und auch zu Hause zunehmend (Geschwisterrivalität), so können Eltern dieses Verhalten vielleicht durch eine Koalition mit dem geschlagenen Kind verändern.
Auch hier empfehle ich Ihnen eher, den Kinderpsychologen aufzusuchen.

Zu Hause können aber „verordnete Tobestunden", täglich und zeitlich festgelegte Zuwendungseinheiten (Beschäftigung und Schmusen) sowie zahlreiche Geschichten über Prügeleien hilfreich sein, um alternative Verhaltensweisen aufzubauen. (Ein Geschichtenbuch ist in Arbeit.)

8.5 Mein Kind geht nicht zur Schule

Unsere starken Kinder haben nicht selten den Trick, wenn sie keine Lust haben zur Schule zu gehen (aus welchen Gründen auch immer), krank zu werden.

An erster Stelle sollte hier genau nachgeforscht werden, warum sie nicht zur Schule gehen wollen. Eine ärztliche kinderpsychiatrische Untersuchung ist natürlich selbstverständlich.

Sollte diese aber keinen Grund ergeben, müssen wir uns was einfallen lassen.
Wir sollten allerdings nicht vergessen, dass die zunehmende Brutalität an unseren Schulen auch unsere Kinder erschreckt. Fernsehen, zu wenig Zeit haben für die Kinder (hier sind vor allem die Väter angesprochen) fördert dieses Verhalten.

Grundsätzlich sollten sich Eltern von schulpflichtigen Kindern immer täglich mindestens eine halbe Stunde Zeit nehmen, mit ihren Kindern zu spielen, zu fragen und Geschichten zu erzählen.

Es gibt in der Schule Vorgänge, wo unsere Kinder berechtigterweise die Schule verweigern. Eine der üblichsten Methoden ist der sogenannte „korrekte Abzug".

Hier werden Kinder von anderen erpresst, müssen ihre Kleidung oder Geld abgeben, um unbehelligt die Schule betreten oder verlassen zu können.

Wenn unsere Kinder zu uns Vertrauen haben (daher das Zeitnehmen und Spielen), werden sie uns ihre Probleme erzählen. Eltern von erpressenden Kindern sowie die Lehrer sollten von uns informiert werden.

Ein weiterer Grund für Schulverweigerung ist, dass die Klasse unser Kind zum Außenseiter gestempelt hat. Dieses wird dann schnell die „Clown-Rolle“ übernehmen und somit noch mehr in die Außenseiterposition geraten.

In diesen Fällen sollten Sie sich und für ihr Kind den Rat eines Kinderpsychologen einholen.

Ein dritter Grund, die Schule zu verweigern und darum geht es hier jetzt, ist Bequemlichkeit, Faulheit, vielleicht ein wenig gepaart mit Unsicherheit, nicht „der Beste, Schönste, Klügste“ zu sein.
Hier können wir mit unseren oben beschriebenen Mitteln ansetzen. Ich verschreibe in diesem Falle dem Kind, das mich mit seinen Eltern aufsucht, die „Krankheit“.
Ich sage dem Kind, dass ich den Eindruck habe, dass es wirklich sehr krank ist. Es muss sich deshalb absolut schonen.

Die Eltern haben nun die Aufgabe, dass ihr Kind für 3 Wochen in einem abgedunkelten Raum, mit Kamillentee und Haferbrei, ohne Fernsehen, ohne Bücher, ohne Besuch und ohne Musik „gesunden muss“.

Auf den ersten Blick wirkt dieses Vorgehen „brutal“, aber wenn dann unsere Kinder in der Regel zwischen 3 oder 4 Tagen plötzlich wieder „gesund“ werden und von sich aus drängen, wieder in die Schule gehen zu dürfen, werden wir dieses Vorgehen mit anderen Augen betrachten.
Das Problem ist manchmal, dass wenn unsere Kinder uns Krankheit vormachen, wir sie auch noch von „vorne bis hinten“ versorgen und sie einen Luxus erleben, den sie ohne Krankheit niemals erreichen könnten.
In dem eben beschriebenen Falle nehmen wir die Kinder aber ernst und behandeln sie wie kranke Kinder und sie werden sehr schnell gesund.

Dies funktioniert nur, wenn das Vorgehen konsequent und über einen festgelegten Zeitraum (mindestens 3 Wochen) durchgeführt wird, und spätestens nach ein paar Tagen werden die Kinder das in-die-Schule-gehen-dürfen heftig einfordern.

8.6 Mein Kind spricht nicht mit jedem

In der Fachsprache nennt man dieses Phänomen „(s)elektiven Mutismus".

Das Kind spricht zu Hause wie ein „Wasserfall", aber sobald es das Haus verlässt, spricht es mit niemandem. Es ist insofern noch einigermaßen akzeptabel, bis das Kind in die Schule kommt. Wenn es dort nicht spricht, wird es nicht unerhebliche Schwierigkeiten bekommen. In der Regel suchen sich diese Kinder dann eine Freundin oder einen Freund, die für sie die Übersetzung oder das „Sprachrohr" übernehmen.

Dem (s)elektiven Mutismus liegen die unterschiedlichsten Ursachen zugrunde. Die möchte ich an dieser Stelle nicht näher erläutern. Auch hier sollten Sie auf jeden Fall einen Kinderpsychologen oder Kinderpsychiater aufsuchen.

Dieses Verhalten – es sind nicht selten sehr intelligente Kinder – hat allerdings auch eine durchaus fordernde und dominierende Variante. Sie können dieses Problem vielleicht dadurch schon verändern, indem Sie dem Kind die Möglichkeit einschränken, sein natürliches Mitteilungsbedürfnis nur auf den häuslichen Bereich zu beschränken.
Wenn Sie plötzlich zu Hause mit dem Kind nicht mehr sprechen, sehr schweigsam sind, sich in Sprache, Gestik und Mimik ähnlich verhalten, wie Ihr Kind es außerhäuslich tut (2), und dies über eine längere Zeit durchhalten, könnte das dazu führen, dass Ihr Kind seinen Drang nach Mitteilung vermehrt nach außen verlagert.
Grundverkehrt ist es jedenfalls, für das Kind zu sprechen – Dritten gegenüber. Diese Kinder haben gelernt, dass sie (wie ein Prominenter einen Leibwächter hat) auch ihren **„Leibsprecher"** haben.

Warum sollten sie sprechen, wenn die Eltern diese Funktion für sie übernehmen?

Seien Sie etwas mutiger! Ihre Angst, dass, wenn Sie so vorgehen, Ihr Kind auch nicht mehr mit Ihnen sprechen wird, ist in der Regel wenig wahrscheinlich. Sie müssen nur Geduld haben. Denn Sie dürfen nicht vergessen, Sie haben ein kluges Kind.

8.7 Mein Kind will nicht essen

Ich verweise auf die Anfangsgeschichte und auf den durchgängigen Verlauf dieses Buches.

Wichtig an dieser Stelle ist mir nur, dass wenn ein Kind nicht essen will, eine organische Untersuchung des Magen-Darmtraktes, der Zähne und der Speiseröhre durchgeführt werden sollte.

Ein Verbieten des Essens, ein spielerischer Umgang mit Essen (vgl. frühere Kapitel) führt in der Regel zu einer Lösung.

Bei der Behandlung eines anders fähigen Kindes, das seit seiner Geburt bis zum 7. Lebensjahr zwangsernährt werden musste, war der wichtigste Schritt, das Ritual zwischen Mutter und Kind zu durchbrechen. Der gesamte Tag, jeder Gedanke und jede Handlung drehte sich (verständlicherweise) nur um das Essen. Die Übernahme dieser Verantwortung durch meine Mitarbeiter bedeutete für die Mutter größte Probleme. Erst nach ein paar Wochen war sie in der Lage, uns zu vertrauen und sich auf andere Dinge als Nahrungsaufnahme zu konzentrieren. In der Zeit spielten wir mit dem Kind mit dem Essen und verweigerten ihm dies sogar. Das Interesse des Kindes wuchs immer mehr, so dass es nach 6 Wochen erstmals alleine aß.
Die wesentlichsten Methoden waren 1, 2, 3, 8, 9, 10, 12, 13, 14.

8.8 Mein Kind lügt

Dass Kinder lügen, ist ein Phänomen, das sich durch die Jahrhunderte zieht. Ich möchte hier nur zwei Faktoren des Lügens hervorheben:

1. Die Lüge aus Angst

Gerade in Familien, für die „Harmonie, Regelwerk und Gleichklang" eine wichtige Rolle spielen, werden wir vermehrt lügende Kinder finden.
Kinder versuchen, Verfehlungen jeder Art durch Erklärungsmodelle aus dem Weg zu gehen. Dazu zu stehen, fällt ihnen allerdings unter bestimmten Voraussetzungen schwer.
In einer Familie, in der Eltern großzügig und humorvoll sind und selbst Fehler machen und zu diesen stehen, werden Lügen dieser Art seltener auftreten. In einer nach Harmonie bestrebten Familie könnte allerdings ein naturbedingtes Fehlverhalten des Kindes eine „Erschütterung" des gesamten Familiensystems bedeuten. Die Eltern reagieren zu extrem. In diesem Falle wird das Kind die Lüge sehr schnell lernen. Die Verantwortung, die das Kind vermeint, sich aufladen zu müssen, nämlich den Familienfrieden aufrechtzuerhalten, führt dann dazu, selbst leichte Verfehlungen, so dumm sie auch sein mögen, lügend zu vertreten.

In diesem Falle ist es sinnvoll, innerhalb der Familie deutlich zu machen, dass auch Kinder das Recht haben, Fehler zu machen.

Es ist nicht das Problem, dass sie einen Fehler gemacht haben, sondern es kann zu einem Problem werden, dass sie nicht dazu stehen. Wenn Fehler gemacht worden sind, sollten wir uns als Eltern durchaus Gedanken darüber machen, ob wir den Kindern das richtige Verhalten erklären oder ob wir sie bestrafen.

Kinder für Lügen zu bestrafen, führt dazu, dass sie noch mehr lügen.

Hier kann es eher die Möglichkeit sein, im Sinne des Modellverhaltens (12) als Eltern auch einmal zu lügen und dabei eindeutig den Kindern zu signalisieren, dass das Spaß ist. Die Kinder dabei aber trotzdem merken zu lassen, wie unangenehm das ist.

2. Lügen als Spiel

Gerade die starken Kinder lügen, weil sie auf diese Art ihren Verstand mit dem Verstand ihrer Eltern messen wollen. Sie werden dabei hochkomplizierte Strategien des Lügens entwickeln, wo die Erwachsenen sich fragen:

„Warum merkt er eigentlich nicht, dass ich ihn durchschaut habe?"
„Warum lügt er weiter?"

Hier geht es dem Kind darum, bis ins Letzte alle möglichen Argumentationsvarianten auszudiskutieren. Dies ist nicht als Bösartigkeit zu verstehen, sondern als Spiel und Übung des eigenen Verstandes.
Bei diesen Kindern sind Eltern besonders gefordert. Sie müssen ihren Erwachsenenstatus aufgeben und sich vermehrt in die Kindwelt hineindenken. Hilfreich kann es sein, dass Sie genauso „verrückte" Argumente liefern, wie Ihre Kinder es tun. Dies kann beispielsweise bedeuten, dass man auf das „Lügengebilde" des Kindes eingeht, dieses als Realität sieht und zusätzliche phantasievolle Elemente hinzufügt.
Ein Beispiel:

Dennis erzählt seiner Mutter, dass er in der Schule von einem anderen Klassenkameraden verprügelt worden ist. (Definitiv ist dies aber nicht der Fall.) Dennis versucht auf diese Art und Weise herauszufinden, wie seine Mutter mit dem Thema „Prügeln" umgeht. Die Mutter lässt sich in diesem Falle die Einzelheiten genauestens erzählen, und je mehr sie nachfragt desto klarer wird ihr, dass Dennis gelogen hat. Sie wird aber so tun, als ob sie ihm glaubt und eine Geschichte aus ihrer eigenen Schulzeit erzählen, wo sie von einem anderen Mädchen auf eine gleiche Art und Weise verprügelt worden ist. Sie wird Dennis erzählen, wie sie anders mit der Situation umgegangen ist. Damit braucht sie mit Dennis nicht mehr in den Kampf zu gehen, um ihm zu beweisen, dass er gelogen hat.

Dennis hat auf diese Art aber gelernt, wie man mit einer möglichen Krisensituation umgehen kann.

8.9 Mein Kind räumt nicht auf

Wir wissen, dass wir uns den Mund „fusselig“ reden können, um unsere Kinder zu bewegen, ihr Zimmer aufzuräumen. Das ordentliche Kinderzimmer ist ständig ein massiver Kampf zwischen Eltern und Kindern, wo um jedes einzelne Stück gekämpft wird.
Wir müssen uns mit dem Argument auseinandersetzen, warum der Teddy genau dort auf dem Boden liegen muss, obwohl wir der Meinung sind, dass der Teddy eigentlich ins Bett gehört.
Dieser Kampf muss nicht sein.

> *Was würde z.B. passieren (im Sinne des kreativen Chaos), wenn das Kind aus dem Kindergarten kommt und sein Zimmer aufgeräumt ist, aber all die Dinge, die auf dem Boden gelegen haben, plötzlich verschwunden sind (hier könnten Eltern auch das Lügen üben).*
> *Auf die Frage „Wo ist mein Teddy?“ reagieren wir mit Ratlosigkeit.*

Bei meinen Kindern handhabe ich es so, dass all das, was nach einer bestimmten festgelegten Zeit noch auf dem Boden liegt, in eine blaue Plastiktüte gepackt und entsorgt wird. Das bedeutet zumindest, dass meine Kinder all das, was ihnen wichtig ist, aufräumen. Natürlich werfe ich die Dinge nicht weg.
Die Kinder können nach einer gewissen Zeit, z.B. nach einer Woche, die Dinge Stück für Stück wiederbekommen.
In dem Augenblick, wo wieder Unordnung herrscht, werden aber wieder Gegenstände „verschwinden“.

> *Bei Unordnung sind im Grunde alle Möglichkeiten unregelhaft einzusetzen. Erkennt das Kind keine Regel mehr, wird es selber für Regeln sorgen und sein Zimmer ordentlich halten. Allerdings sind Eltern viel zu „pingelig“, was Ordnung angeht. Und vor allem halten sie sie meist selbst nicht ein.*

> *Aber auch hier ist das Überraschungsmoment wichtig. Die Kinder kommen aus dem Kindergarten, ihr Zimmer ist aufgeräumt. Die Kin-*

der kommen am nächsten Tag aus dem Kindergarten und obwohl ihr Zimmer aufgeräumt war, ist ihr Zimmer ein einziges Chaos (und hier können wir wieder lügen üben).

So werden wir die Motivation erhöhen, immer mehr Selbstverantwortung zu übernehmen.

8.10 Mein Kind zerstört Dinge

Hier haben wir es mit einem Verhalten zu tun, das uns ganz besonders ärgert. Wir haben sehr viel Geld dafür ausgegeben, unseren Kindern die Kleidung und das Spielzeug zu ermöglichen.

Unsere Kinder haben aber noch kein Verhältnis zum Geld. Sie wissen den Wert nicht zu schätzen. Sie wissen allerdings zu schätzen, dass wir uns besonders aufregen, wenn besonders wertvolle Dinge zerstört werden.

Erklären wir den Wert, umso mehr wird zerstört. Ich empfehle Eltern in diesem Zusammenhang, selber einmal etwas zu zerstören. Das ist für Eltern furchtbar schwer. Denn sie wissen ja den Wert der Dinge zu schätzen.

Aber was soll es denn, der „Gameboy" geht so oder so zu Bruch! Es ist nur eine Frage der Zeit. Wenn Eltern nun, so schwer es ihnen fällt, trotzdem auf den „Game-boy treten, wird das Kind hochgradig erschrocken sein. Und alle wichtigen Dinge vor den Eltern schützen.

Ein anderes Beispiel aus dem stationären Alltag.

Es gab ein Kind, das mit Freude Fensterscheiben zertrat. Dies tat es ein bis zweimal die Woche. Ich hatte nun den Erziehern den Auftrag gegeben, im Beisein des Kindes selbst einmal eine Scheibe zu zertreten (übrigens, das macht wirklich Spaß).
Die Erzieher wehrten sich vehement dagegen. Wie sollten sie auch der Betriebsleitung erklären, warum sie Fenster zertraten. Ich machte ihnen klar, dass dieses Fenster sowieso morgen oder übermorgen zu Bruch gehen würde, aber durch ihr Verhalten möglicherweise dies das letzte Fenster sei.

Ein Erzieher versuchte das Experiment. Das Kind sah mit großen erschrockenen Augen zu und versuchte, den Erzieher davon zurückzuhalten.

Seit diesem Tag trat das Kind keine Fenster mehr ein.

8.11 Mein Kind hat immer Bauchschmerzen, Kopfschmerzen, will nicht schlafen oder zeigt andere körperliche Reaktionen

Wie Sie bereits gelesen haben, war unter anderem eine der wesentlichsten Lösungsmöglichkeiten, mit Problemen umzugehen, diese in Geschichten darzustellen, die die Eltern erfinden (ich weiß, hier ist auf schreckliche Weise Ihre Phantasie gefordert).

Diese Geschichten, mit entsprechenden Lösungsmöglichkeiten, sind für Kinder oft die beste Form der Erziehung.

Bei körperlichen Reaktionen, den sogenannten psychosomatischen Verhaltensweisen (z.B. Einschlafstörungen, Magenschmerzen, Kopfschmerzen, Erbrechen, Neurodermitis, Asthma usw.) habe ich in meiner Praxis mit der von mir entwickelten sogenannten „Rosenquarz-Therapie“ selbst für mich verblüffende Ergebnisse erzielt.
Bei diesen eben beschriebenen Verhaltensweisen liegen oft Angst, Unsicherheit, Unzufriedenheit und gefühlsmäßige Vernachlässigung oder, genauso häufig, gefühlsmäßige Überforderung und Zuwendung zugrunde.
Ein Familiensystem hinsichtlich dieser Verhaltensweisen zu verändern, d.h., den Eltern bestimmte Zusammenhänge zu vermitteln, mit dem Ziel, dass sie ihr Verhalten dann radikal ändern, ist ein langwieriger und schwieriger Prozess.

Hier haben wir es aber mit starken Kindern zu tun und somit baue ich auch auf ihre Stärke!

Starke Kinder haben eine ausgeprägte Phantasie. Und sie brauchen Erklärungsmodelle für das, was sie nicht verstehen können. Ihr hohes Maß an Kreativität fordert sie ständig, neue Wege des Spielens mit den Eltern zu erfinden.

Man kann aber auch ihre Kreativität in sinnvolle Bahnen lenken, vor allem dann, wenn sie durch ihre tiefe Verunsicherung oder Langeweile psychosomatisch reagieren.
Psychosomatisch heißt, für nicht gelöste Probleme treten zusehends mehr körperliche Reaktionen in den Vordergrund.

Diese Reaktionen können aber auch organischer Natur sein. Wenn Kinder psychosomatisch reagieren, sollten Sie immer zuerst einen Facharzt aufsuchen!

Ist organisch nichts feststellbar, so bleibt uns nur der Vorteil, dass unsere Kinder, wie eben gesagt, über ein hohes Maß an Phantasie verfügen. Und diese nutzen wir.

Auf diesem Hintergrund entstand die „Rosenquarz-Therapie".

Ob es nun ein Rosenquarz, ein Tigerauge, ein Diamant, ein Stück Kohle oder ein Stock ist, ist dabei vollkommen unerheblich.

Kinder lieben aber schöne Dinge, und ein Edelstein ist etwas Wertvolles, Geheimnisvolles und schön anzusehen.

1. Das Prinzip

Ich setze mich mit dem Kind allein zusammen. Die Eltern dürfen nicht dabeisein, weil es ein Geheimnis zwischen dem Kind und mir ist.

Kinder lieben Geheimnisse.

Die Eltern sind natürlich von mir vorab informiert worden. Früher habe ich dieses Prinzip im Beisein der Eltern praktiziert. Nachdem allerdings ein Vater laut in der Sitzung äußerte, Käpt'n Blaubär sei nichts dagegen, schloss ich die Eltern aus.

Die Kinder leiden natürlich und das ist eine wichtige Voraussetzung, um das zu behandelnde Verhalten zu verändern. Es stört sie, dass sie in die Hose „pinkeln" oder „kacken", dass sie erbrechen müssen, dass sie Angst haben, zur Schule zu gehen, dass sie Asthma haben, dass sie sich ständig kratzen müssen, dass sie nicht schlafen können.
Obwohl die Kinder dieses Verhalten stört, setzen sie trotzdem dieses Verhalten immer wieder ein, auch um Ihre Eltern auf „Trab zu halten". Doch meist ist das Leiden für diese Kinder größer als der Lustgewinn, den sie durch dieses Verhalten erfahren.
Hier besteht nun die Möglichkeit, ihre Selbstheilungskräfte zu aktivieren.

Ich spreche mit den Kindern über ihr Problem (z.B. nicht alleine schlafen zu können) und erkläre ihnen, dass es viele Kinder und auch Erwachsene gibt, die ein ähnliches Problem haben.

2. Woher kommt das Problem?

Der zweite Schritt ist dann, den Kindern zu verdeutlichen, woher ihr Problem kommt. Ich erarbeite mit ihnen, wie der menschliche Körper aufgebaut ist. Es gibt Knochen, es gibt Muskeln, es gibt Haut und es gibt Haare. Ich erkläre ihnen die Funktion der Knochen, der Haut und der Muskeln.

Und dann sage ich ihnen, dass es noch etwas gibt, was sie nicht kennen, was sie nicht sehen können, was sie aber fühlen können und was man fotografieren kann, wenn man die richtige Kamera hat. Ich spreche dann von der Aura.

Ich erkläre ihnen und zeichne ihnen das auch auf, dass über der Haut ein unsichtbarer Mantel den ganzen Körper bedeckt und schützt, den man nicht sehen aber fühlen kann.
Die Aura, so sage ich, ist bei Kindern sehr dick, und zeige ihnen

etwa die Stärke (sprich 2 cm), und bei älteren Menschen recht dünn.
An dieser Stelle schauen mich die Kinder ungläubig an.

Ich fordere sie auf, einmal ihre eigene Aura zu spüren. Sie müssen mit ausgestreckten Armen ihre Handflächen langsam aufeinander zu bewegen. Ich erkläre ihnen, dass sie, bevor sich die Handflächen berühren, sie einen Widerstand, eine Wärme spüren. Das ist deshalb, weil die Aura der linken Hand die Aura der rechten Hand berührt.

Mit großer Ernsthaftigkeit und Interesse führen die Kinder diese Übung erfolgreich durch.
Jedes Kind spürt seine Aura und das Interesse des Kindes ist geweckt.
Nun erkläre ich ihnen, dass es bei manchen Menschen, auch bei manchen Kindern, Löcher in der Aura gibt.
Man weiß nie ganz genau, woher diese Löcher kommen, das kann z.B. dadurch passieren, dass man einmal schwer gestürzt ist, dass man sich furchtbar geärgert hat oder es gibt auch andere Gründe, die ich auch nicht kenne. Hier bieten mir die Kinder schon die unterschiedlichsten Erklärungsmodelle an, die ich dann auch bestätige.

3. Die Mystik (das Geheimnis)

Ich erkläre ihnen, dass es auf dieser Welt Dinge gibt, die man auch nicht sehen kann. Das sind Erdstrahlen, Wasserstrahlen, Sonnenstrahlen, Radiowellen und andere Strahlen, die wir noch nicht kennen. Ich frage sie, ob sie schon davon gehört haben. Und jedes Kind weiß zumindest über Sonnenstrahlen Bescheid. Je älter das Kind ist, desto mehr kann man sich auch mit anderen Umwelteinflüssen beschäftigen.
Ich erkläre den Kindern, dass diese Strahlen den Körper jedes Menschen bedrohen, aber die Aura der wichtige Schutzmantel ist, der uns behütet. Hat nun aber ein Kind oder ein Mensch Löcher in der Aura, so können diese Strahlen (ich zeichne das auch auf) den Körper ungeschützt erreichen. Und wo auch immer die Löcher sind, so gibt es dann eben Kopf- oder Magenschmerzen oder anderes.

Und dann frage ich das Kind: „Du hast Magenschmerzen. Was glaubst du denn warum?"

Das Kind wird mir erklären, dass es ein Loch in seiner Aura hat im Bereich den Magens. Das bestätige ich und lobe das Kind.

Auf die Frage „Was man dagegen tun könnte?" wissen diese starken Kinder sehr oft zu antworten: „Man muss die Löcher stopfen!".

Das ist der entscheidende Punkt. Somit komme ich nun zur nächsten Stufe:

4. Die Lösung

Ich lobe die Kinder, dass sie das alles so schnell erkannt haben. Ich sage ihnen, dass ich allein eine Möglichkeit erfunden und gefunden habe, diese Löcher zu stopfen. Nun erzähle ich die Geschichte der Edelsteine.

„Es gibt magische Steine, die sind so alt, wie die Dinos. Vielleicht sind sie noch älter. Diese Steine liegen seit Millionen von Jahren auf der Erde herum und haben über kaum fassbare Zeit die unterschiedlichsten Strahlungen erlebt und immer mehr gespeichert. Ein so alter Stein verfügt über eine Energie, der alle Löcher in der Aura sofort stopfen kann."

Ich erkläre weiterhin, dass es für bestimmte Löcher auch bestimmte Edelsteine gibt (wie Rosenquarz, Tigerauge, Diamant etc.). Egal welches Problem ich bei einem Kind habe, für sein Problem war es immer der Rosenquarz.

Die Wahl des Edelsteins ist vollkommen egal. Wichtig ist, dass die Kinder erkennen, dass es unterschiedliche Steine gibt, und dass sie für bestimmte Funktionen gut sind.

Ich erkläre ihnen, dass sie auch feststellen können, dass diese Steine voller Energie sind. Meist habe ich einen in der Hosentasche (angewärmt). Ich fordere sie auf, diesen Stein in die Hand zu nehmen und sage ihnen, dass sie merken werden, dass dieser

Stein warm ist, weil er so viel Energie hat.
Die Kinder sind überrascht und nicken sofort.
Nun folgt:

5. Der Abschluss

Ich benutze immer ein Rosenquarz, weil er am einfachsten zu besorgen ist. Ich erkläre den Kindern nun, dass sie diesen Stein immer am Körper tragen müssen. Dies kann in der Hosentasche oder bei großen Problemen auch in der Hand sein. Nachts sollte dieser Stein unter dem Kopfkissen liegen. Somit wird dieser Stein seine ganze Kraft über die Aura des Kindes strahlen und die Löcher stopfen.

> *Ich sage ihnen, dass dies nicht von heute auf morgen geht, sondern erkläre ihnen am Beispiel des Heilens einer Wunde, dass es erst eine dünne Haut und dann immer mehr eine dicke Haut gibt, bis der Heilungsprozess abgeschlossen ist.*
> *Ich sage ihnen, dass sie vielleicht eine oder zwei Wochen warten müssen, bis sie keine Probleme mehr haben.*

An dieser Stelle reagieren die Kinder fasziniert. Das Geheimnis, das Experiment und die Neugier sind eine extreme Motivation diese „Zauberei auszuprobieren".
Ich gebe ihnen dann einen Stein und weise sie darauf hin, dass dieser Stein nur geliehen ist, da auch andere Kinder diesen Stein noch brauchen.
Sie erhalten die Aufgabe, mit niemandem außer mit den Eltern darüber zu sprechen. Denn wenn das Geheimnis bekannt ist, verliert der Stein seine Wirkung.
Die Aufgabe, ein Geheimnis zu bewahren, erhöht den Effekt.

Bei Einschlafstörungen oder Angst vor der Dunkelheit gibt es noch eine weitere Variante:

> *Ich fordere die Kinder auf, ihren Vater zu bitten, den Stein in einem Netz genau in der Mitte über dem Bett aufzuhängen. Ich erkläre den Kindern, dass die Strahlen des Steines wie ein unsichtbares Netz über ihrem Bett vor Hexen, Vampiren und schlechten Träumen schützt.*

Die Kinder glauben mir das alles, weil sie gemerkt haben, dass ich ihr Problem sehr ernst nehme und ihnen dabei helfen will, dies zu beseitigen.
Die Ergebnisse dieser Methode sind äußerst erstaunlich:

Ich erinnere mich an den 7-jährigen Tim, der Angst hatte, zur Schule zu gehen, in der ersten Stunde nur weinte und verschüchtert wirkte. In der zweiten Stunde sah ich ein vollkommen anderes Kind. Tim war „cool", lustig und zeigte mir stolz den Stein in seiner Hand. Er hatte die ganze Zeit während der Schule den Stein immer in der Hosentasche. Er hatte durch den Stein eine Sicherheit und Stärke entwickelt, die ich selbst kaum glauben konnte.

Eine lustige Begebenheit war, dass ein 14-jähriger Gymnasiast, der immer noch bei seiner Mutter im Bett schlief, weil er Angst vor der Dunkelheit hatte, versuchte, meine Argumente zu unterlaufen. Er fragte mich, warum er bei seiner Mutter schlafen könne, obwohl er ja Löcher in der Aura habe. Ich erklärte ihm, dass die Aura seiner Mutter während des gemeinsamen Schlafens auch seine Aura berühren würde und deshalb seine Löcher geflickt wurden.
Diese Erklärung leuchtete ihm ein. In der folgenden Nacht schlief er erstmalig mit dem Stein über dem Bett in seinem eigenen Zimmer, aber er hatte sich zur Sicherheit noch seinen Hund mit ins Bett genommen.

Ein asthmatisches Kind lernte, mit dem Stein seine Asthmaanfälle zu kontrollieren. Dies führte zu einer Entkrampfung, vor allem bei den Eltern. So wurde ein normaleres Familienleben wieder möglich.

Eine andere Mutter fand diese Methode „voll daneben". Ihre Tochter schlief immer noch in Mutters Bett. Sie hat allerdings nach einigen Überlegungen die Methode abgewandelt und den Stein durch ein Tuch ersetzt. Stolz erzählte sie mir den positiven Effekt. Ihre Tochter schläft seitdem allein im Kinderzimmer.

Meine Kinder wissen natürlich schon sehr lange, dass ich „zaubern" kann. Wenn sie schlecht geträumt haben oder in der nächsten Nacht davor Angst haben, so nehme ich einen Edelstein, den ich mit ei-

nem Feuerzeug anleuchte und webe ein unsichtbares Netz, für sie klar sichtbar über ihr Bett und sie schlafen friedlich durch.

Das Prinzip ist eigentlich ganz einfach. Früher war es der Teddybär, dem man alles anvertraute, der einen beschützte.
Heute, in unserer technologischen Fernsehgesellschaft hat der Teddy ausgedient. Insofern müssen wir uns diesen Gegebenheiten anpassen und neue Ideen entwickeln, um unseren Kindern die Sicherheit und Geborgenheit zu geben.

Selbst bei Erwachsenen wirkt diese Methode, wenn sie sich eine kindliche Phantasie erhalten haben.

Es gibt allerdings Situationen, wo ich diese Methode nicht direkt anwende, nämlich dann, wenn ich zu der Überzeugung gekommen bin, dass in einem Familiensystem etwas nicht in Ordnung ist. So z.B. in einem Fall, wo die Eltern nach der Trennung vehement um ihre Kinder kämpften, und diese dann psychosomatisch reagierten. Hier hätte die Methode wahrscheinlich nicht funktioniert, da die „krankmachenden" Umstände ständig zugegen waren. Bei dieser Familie mussten die Eltern erst einmal „auf die Couch".

Abschluss

Hiermit möchte ich dieses Buch beenden. Ich hoffe, es hat Ihnen gefallen, auch wenn viele Dinge für Sie neu gewesen sind. Ich weiß, dass Sie, wenn Sie den Regeln dieses Buches folgen, immer wieder „über Ihren Schatten springen müssen". Es ist nun einmal sehr schwer, sich in ein kindliches Denken hineinzuversetzen. Doch erinnern Sie sich, Sie haben es auch einmal gelernt. Je kindlicher, fröhlicher und natürlicher Sie mit Ihren Kindern umgehen lernen, ohne dabei Ihre Autorität zu verlieren, umso erfolgreicher werden Sie Ihre Kinder positiv beeinflussen.

Und vor allem: Nehmen Sie sich Zeit für Ihre Kinder.

Raum für Notizen:

Raum für Notizen:

Novitäten 9

Wir bringen Lernen in Bewegung® ...

Jutta Bläsius

Spiele in Bewegung bringen

Tischspiele als Basis neuer Spiel- und Bewegungsideen
◆ März 2005, 124 S., Format 16x23cm, Ringbindung, ISBN 3-8080-0565-3, Bestell-Nr. 1158, € 17,50

Barbara Cárdenas

Pfiffigundes Sprachwelt

Erst-, Zweit- und Schriftspracherwerb vorbereiten, beobachten und fördern
◆ Sept. 2005, ca. 180 S., Format 16x23cm, fester Einband, ISBN 3-938187-00-X, Bestell-Nr. 9350, € 21,50

Marianne Eisenburger

„Zuerst muss die Seele bewegt werden ..."

Psychomotorik im Pflegeheim – Ein theoriegeleitetes Praxisbuch
◆ Feb. 2005, 156 S., Format 16x23cm, Ringbindung, ISBN 3-8080-0571-8, Bestell-Nr. 1214, € 19,50

Dietrich Eggert / Christina Reichenbach

DIAS – Diagnostisches Inventar auditiver Alltagshandlungen

◆ 2., völlig überarb. Aufl. März 2005, 240 S., Buch enthält 1 CD mit Alltagsgeräuschen, fester Einband, ISBN 3-86145-273-1, Bestell-Nr. 8525, € 25,50

Ann Fichtner / Sabine Brüggen / Birgit Huber

Elternberatung nach dem Kanadischen Modell

Ein Leitfaden für Ergotherapeuten
◆ Mai 2005, 76 S., Format 16x23cm, Ringbindung, ISBN 3-8080-0576-9, Bestell-Nr. 1060, € 15,30

Barbara Giel (Hrsg.)

Dokumentationsbögen Sprachtherapie

◆ Juni 2005, ca. 160 S., Format DIN A4, im Ordner, ISBN 3-8080-0567-X, Bestell-Nr. 1926, € 34,80

Barbara Günther-Burghardt / Helga de Freese-Weers

Als ich Kind war

Fotografien und Geschichten zur Erinnerungspflege mit alten und dementen Menschen
◆ März 2005, 30 farbige Fotokarten, 1 Anweisungskarte, Format DIN A5, 2-seitig bedruckt und glanzfolienkaschiert, im Karton, ISBN 3-938187-01-8, Bestell-Nr. 9351, € 29,80

Krista Mertens / unter Mitarbeit von Ad Verheul u.a.

Snoezelen

Anwendungsfelder in der Praxis
◆ Sept. 2005, ca. 160 S., Format 17x24cm, Ringbindung, ISBN 3-8080-0577-7, Bestell-Nr. 1225, € 17,50

Jürgen Hargens (Hrsg.)

„... und mir hat geholfen ..."

Psychotherapeutische Arbeit – was wirkt? Perspektiven und Geschichten der Beteiligten
◆ 2005, 240 S., Format DIN A5, br, ISBN 3-86145-275-8, Bestell-Nr. 8338, € 19,50

Astrid Koenen / Alexandra Ott

Spielen mit beiden Händen – trotz Hemiparese

Ein Leitfaden für Eltern 2-6-jähriger Kinder
◆ 2005, 108 S., Format 16x23cm, Ringbindung, ISBN 3-8080-0568-8, Bestell-Nr. 1059, € 15,30

Carola Otterstedt

Der nonverbale Dialog

Für Begleiter von Schwerkranken, Schlaganfall-, Komapatienten und Demenz-Betroffenen mit Übungen zur Wahrnehmungssensibilisierung
◆ März 2005, 304 S., mit farbigen Abb., Format 16x23cm, fester Einband, ISBN 3-8080-0569-6, Bestell-Nr. 1927, € 22,50

Carola Otterstedt

Der verbale Dialog

Für Begleiter von Schwerkranken, Schlaganfall-, Komapatienten und Demenz-Betroffenen mit Anregungen zur kreativen Gesprächsgestaltung
◆ ca. August 2005, ca. 340 S., mit farbigen Abb., Format 16x23cm, fester Einband, ISBN 3-8080-0570-X, Bestell-Nr. 1928, € 22,50

Wilhelm Rotthaus / Hilde Trapmann

Auffälliges Verhalten im Jugendalter

Handbuch für Eltern und Erzieher • Band 2
◆ 2004, 360 S., Format 16x23cm, fester Einband, ISBN 3-8080-0489-4, Bestell-Nr. 1151, € 17,50

Silke Schönrade / Raya Limbach

Die Abenteuer der kleinen Hexe im Buchstabenland

Ein psychomotorischer Zugang zum Lernen von A-Z
◆ 2005, 208 S., farbige Abb., Format 16x23cm, fester Einband, ISBN 3-86145-276-6, Bestell-Nr. 8336, € 20,40

9/04 / 5.1.05

vml verlag modernes lernen borgmann publishing

Hohe Straße 39 • D-44139 Dortmund • Tel. (0231) 12 80 08 • FAX (0231) 12 56 40

Unsere Bücher im Internet: www.verlag-modernes-lernen.de

Jutta Bläsius
Spiele in Bewegung bringen
Tischspiele als Basis neuer Spiel- und Bewegungsideen
◆ März 2005, 124 S., Format 16x23cm, Ringbindung, ISBN 3-8080-0565-3, Bestell-Nr. 1158, € 17,50

Agnes Ebhardt / Frauke Ebhardt
Neue fröhliche Wege aus der Dyskalkulie
Erfolgreiche Hilfe bei Rechenschwäche und Möglichkeiten zur spielerischen Vorbeugung
◆ 2004, 84 S., Format DIN A5, Ringbindung, ISBN 3-8080-0563-7, Bestell-Nr. 1200, € 15,30

Frauke Ebhardt
Fröhliche Wege aus der Dyskalkulie
Kindern mit Rechenschwäche erfolgreich helfen
◆ 3., unveränd. Aufl. 2005, 72 S., Format DIN A5, Ringbindung, ISBN 3-8080-0508-4, Bestell-Nr. 1198, € 15,30

Anna Fischer-Olm
Mit schöner Sprache durch das Jahr
Ein multisensorieller, sprachfördernder Lehrgang für Kindergarten, Vorschule und Grundstufe
◆ 2004, 176 S., Format DIN A4, Ringbindung, ISBN 3-86145-243-X, Bestell-Nr. 8187, € 21,50

Gitta Hauch
„Der Doktor hat gesagt, es ist psychosomatisch ..."
Kinderpsychosomatik für Eltern, Therapeuten und alle, die neugierig sind
◆ 2004, 136 S., Format DIN A5, fester Einband, ISBN 3-8080-0581-5, Bestell-Nr. 4324, € 19,50

Jürgen Hargens
Kinder, Kinder ... oder: wer erzieht wen ... und wie
Gedanken, Erfahrungen, Ideen eines Vaters
◆ 2002, 80 S., Format 11,5x18,5cm, fester Einband, ISBN 3-86145-253-7, Bestell-Nr. 8326, € 9,60

Andrea Herrmann-Strenge
Laute Flaute – Stiller Sturm
Praxisbausteine zum Hören und Hinhören für Kindergarten & Vorschule
◆ 2., durchges. Aufl. 2004, 192 S., Format 16x23cm, Ringbindung, ISBN 3-86145-282-0, Bestell-Nr. 8319, € 19,50

Wir bringen Lernen in Bewegung® ...

Ernst J. Kiphard
Wie weit ist ein Kind entwickelt?
Eine Anleitung zur Entwicklungsüberprüfung (0-4 Jahre)
◆ 11., verb. Aufl. 2002, 136 S., Format 16x23cm, Ringbindung, ISBN 3-8080-0506-8, Bestell-Nr. 1103, € 16,50

Helmut Köckenberger / Gudrun Gaiser
„Sei doch endlich still!"
Entspannungsspiele und -geschichten für Kinder
◆ 6. Aufl. 2004, 168 S., Format DIN A5, br ISBN 3-86145-089-5, Bestell-Nr. 8373, € 17,50

Astrid Koenen / Alexandra Ott
Spielen mit beiden Händen – trotz Hemiparese
Ein Leitfaden für Eltern 2-6-jähriger Kinder
◆ 2005, 108 S., Format 16x23cm, Ringbindung, ISBN 3-8080-0568-8, Bestell-Nr. 1059, € 15,30

Dieter Krowatschek / Uta Hengst
Schokolade für die Seele
Tröstliche Geschichten für Lehrkräfte und Eltern von ADHS-Kindern
◆ 2004, 120 S., 11,5x18,5cm, fester Einband, ISBN 3-86145-260-X, Bestell-Nr. 8331, € 15,30

Silvia Maaß
Mit Kindern Bilder zaubern
Betrachtungen und Anregungen zum Bildgestalten mit Kindern
◆ 2., überarb. und erw. Aufl. 2004, 208 S., Format DIN A5, br, ISBN 3-8080-0557-2, Bestell-Nr. 1219, € 15,30

Hilde Trapmann / Wilhelm Rotthaus
Auffälliges Verhalten im Kindesalter
Handbuch für Eltern und Erzieher • Band 1
◆ 11., unveränd. Aufl. 2004, 352 S., Format 16x23cm, fester Einband, ISBN 3-8080-0572-6, Bestell-Nr. 1101, € 17,50

Wilhelm Rotthaus / Hilde Trapmann
Auffälliges Verhalten im Jugendalter
Handbuch für Eltern und Erzieher • Band 2
◆ 2004, 360 S., Format 16x23cm, fester Einband, ISBN 3-8080-0489-4, Bestell-Nr. 1151, € 17,50

Sabine Maur-Lambert / Andrea Landgraf
Keine Angst vor der Angst!
Elternratgeber bei Ängsten im Grundschulalter
◆ 2003, 144 S., Format DIN A5, Ringbindung, ISBN 3-86145-256-1, Bestell-Nr. 8328, € 15,30

5.1.05

vml verlag modernes lernen borgmann publishing
Hohe Straße 39 • D-44139 Dortmund • Tel. (0231) 12 80 08 • FAX (0231) 12 56 40
Unsere Bücher im Internet: www.verlag-modernes-lernen.de